UNA NOCHE MÁGICA

SILVI MARTÍN

DEDICATORIA

This book is dedicated to all my students, past, present and future, for making me laugh and for inspiring me every day—okay, *almost* every day.

Quiero dedicar este libro a todos mis alumnos, pasados, presentes y futuros, por hacerme reír y por inspirarme cada día—bueno, casi cada día.

PROCEEDS

All proceeds from the sale of this book will be entirely donated to UNHCR (United Nations High Commissioner for Refugees).

https://www.unrefugees.org/about-us/

https://www.acnur.org/es-es/

Because in a chaotic world, I believe there is still goodness in people's hearts.

Silvi

Todas las ganancias de la venta de este libro serán donadas por completo a ACNUR (la Agencia de la ONU para los Refugiados).

https://www.acnur.org/es-es/

https://www.unrefugees.org/about-us/

Porque en un mundo caótico, creo firmemente en la bondad en los corazones de la gente.

Silvi

CAPÍTULO 1

Emma ya podía distinguir los edificios, las autovías, los coches y hasta los barquitos más pequeños en la bahía de Málaga. Era casi igual que aterrizar en San Diego, pero estaba en España, y en lugar del Océano Pacífico, estaba viendo el Mar Mediterráneo bajo un sol intenso en un luminoso día.

Cuando el avión tocó tierra, los teléfonos móviles empezaron a emitir todo tipo de sonidos diferentes. Emma tenía tres mensajes. El primero era de su madre, diciéndole cuánto la echaban de menos y recordándole que la llame cuando llegue a casa de Carla. El segundo era de su mejor amiga, Harper, pidiéndole que le envíe fotos de chicos guapos españoles como Javier Cidoncha.

El tercer mensaje era de Carla, la chica española que vivió en su casa durante tres semanas el año anterior.

Estamos en el aeropuerto. ¡Bienvenida a Málaga!

1

. . .

Al ver el mensaje de su amiga, Emma se olvidó del cansancio del largo viaje y del ruido en el estómago. Una aventura de tres semanas la esperaba ahí fuera, y no quería perderse ni un momento. Iría al instituto con Carla, dormiría la siesta en mitad del día, probaría una paella auténtica y aprendería sobre una cultura completamente diferente a la suya. Emma quería escribir un artículo sobre su experiencia en España y publicarlo en el periódico de su escuela, porque escribir le gustaba más que hablar en público. Siempre había admirado a la gente que no era tímida.

Mientras esperaba en la zona de recogida de equipajes, Emma le respondió a Carla.

Estoy esperando mi maleta. Nos vemos pronto :)

El aeropuerto era muy moderno, con suelos brillantes y techos altísimos. Emma recogió su equipaje y siguió a los demás hacia una sala enorme con su primer sello en el pasaporte y una gran sonrisa en la cara.

Los altavoces lanzaban mensajes en múltiples idiomas mientras la gente se movía en todas direcciones, unos esperaban y otros buscaban a sus familiares o amigos que los recibían con abrazos y besos. Todo el mundo parecía feliz.

—¡Emma! —gritó una voz familiar—. ¡Estamos aquí!

Carla estaba detrás de una pequeña barrera de cristal agitando los brazos y saltando. Hacía casi un año que no la veía en persona, pero no había cambiado mucho. El mismo pelo castaño y ondulado, un poco más largo quizá, su sonrisa perfecta y unos preciosos ojos marrones llenos de vida.

Carla recibió a su amiga americana con un abrazo apretado y dos besos en la cara. Emma ya sabía que en España los saludos son así y no se sorprendió.

La madre de Carla, Carmen, esperó su turno para abrazar y besar a Emma y darle la bienvenida. Era una mujer muy guapa, algo más baja que Carla, de unos cincuenta años y muy elegante.

—Emma, espero que te guste Málaga tanto como a Carla le gustó San Diego el verano pasado —le dijo Carmen mientras se dirigían a la salida—. Vas a estar aquí para la fiesta de fin de curso de Carla y también para la Noche de San Juan.

Emma no sabía lo que era la Noche de San Juan. ¿Sería la versión española de San Valentín? ¿O quizá era algo como el *prom* en Estados Unidos? Seguro que su teléfono tenía la respuesta, pero lo buscaría más tarde, en casa.

El coche de Carmen, como la mayoría en el aparcamiento del aeropuerto, era pequeño, pero muy espacioso por dentro. Carla y Emma se sentaron en los asientos traseros.

—¿Tu casa está muy lejos? —preguntó Emma. Desde la carretera se veía el mar, y ella sabía que la familia Moreno García no vivía muy lejos de la playa.

Carla respondió inmediatamente.

—No, a unos veinte minutos. Vamos a la parte este de la ciudad, y tenemos que pasar por el centro. Si quieres, podemos parar a merendar.

—Se me ocurre otra cosa —sugirió Carmen—. Emma debe estar cansada. Ha sido un viaje muy largo y probablemente quiera deshacer su equipaje, ducharse y hablar con su familia. ¿Por qué no salimos luego todos juntos a pasear por la playa o por el paseo marítimo?

Emma estaba de acuerdo con Carmen. Tenía que llamar a sus padres para decirles que ya estaba en Málaga con su familia de intercambio, y tenía que cambiarse de ropa porque hacía calor y ella llevaba ropa de más abrigo por el aire acondicionado del avión.

—Es verdad —admitió Carla—. Además, Papá y Sergio deben estar aún en el partido. Emma —siguió Carla, dirigiéndose a su amiga americana—, mi hermano juega al fútbol, y hoy era el último partido de la temporada, por eso no han venido a recibirte. Quiero enseñarte el piso antes de que llegue mi hermano y no nos deje entrar en su cuarto.

—¿Cuarto? —Emma no comprendía. Cuarto en inglés quería decir *fourth*, y eso era un número ordinal, no un lugar.

Carla empezó a reír.

—Cuarto quiere decir habitación, o dormitorio. Mi hermano Sergio nunca quiere que entremos en su cuarto. Él es muy reservado para sus cosas. No es como tus hermanos.

Emma tenía dos hermanos menores gemelos de doce años que compartían dormitorio. Eran muy desordenados y a ellos no les importaba que su hermana o

Carla entraran en su cuarto donde la puerta siempre estaba abierta.

—Mis hermanos están cambiando. Ya casi son tan altos como yo, pero todavía no tienen un teléfono. Señora García, ¿piensa que los adolescentes tienen nomofobia?

—¿Nomofobia? ¿Qué es eso? Nunca he oído esa palabra, y por favor llámame Carmen. Tú eres casi de la familia, y en España no se usa mucho la forma de usted, a menos que no conozcas a la persona.

—Gracias —A Emma le gustaba mucho la madre de Carla. Le hacía sentir cómoda y no hacía muchas preguntas—. Nomofobia quiere decir fobia o miedo a estar sin el teléfono móvil. Si tienes nomofobia no puedes vivir sin tu teléfono y necesitas tenerlo contigo todo el tiempo. Aprendí esa palabra en mi escuela.

—Mis dos hijos no tuvieron un teléfono móvil hasta que fueron al instituto, y espero que no tengan nomofobia.

Emma recordó que en España a las escuelas de enseñanza secundaria les llaman institutos.

Carla le guiñó un ojo a Emma para indicarle que lo que iba a decir era de broma.

—Mamá, no encuentro mi teléfono. ¡Lo necesito! ¿Dónde está? Voy a morir sin mi teléfono. No puedo respirar… —Carla tenía las manos alrededor del cuello y estaba sacando la lengua como los perros cuando tienen mucha sed. A Emma le gustaba mucho el sentido del humor de su amiga.

Ambas, Carmen y Emma empezaron a reír.

El coche se detuvo.

—Ya hemos llegado. Anda, ayuda a Emma con su equipaje y nos vemos arriba en cuanto aparque el coche —dijo la madre de Carla, todavía riendo.

Emma miró por la ventanilla del coche y se dio cuenta de que no estaban delante de una casa, sino delante de un edificio altísimo.

—¿Vives aquí? —le preguntó Emma a Carla mientras sacaban las maletas del maletero del coche. Carla nunca le había dicho que vivía en un edificio alto a unos metros de la playa. Era muy bonito y tenía muchos balcones.

—Sí. Pero también tenemos una casa de vacaciones en la playa. Mis padres quieren vivir allí permanentemente cuando yo termine la universidad.

—Pero si la playa está ahí —dijo Emma, señalando a la arena y al mar.

—Ya. Pero no es lo mismo. En verano no solemos ir a la playa aquí, aunque la vista desde casa es alucinante. Se ve lo más bonito de Málaga. Te va a gustar. Vamos arriba. Mi madre sube desde el garaje. Para nosotras es más corto por aquí.

Aunque vivían en la planta quince, había dos ascensores muy rápidos y espaciosos.

Quince minutos más tarde, Emma ya había dejado su maleta en su cuarto y había decidido que su parte favorita del piso de la familia de Carla era la vista desde la terraza. Tenían cuatro dormitorios, amplios cuartos de baño, un salón muy grande, una cocina separada del salón, y dos terrazas al exterior. El piso era moderno y más grande que muchas casas de California.

Desde la terraza oyó voces nuevas dentro de la casa.

Seguramente habían llegado el padre y el hermano de Carla. Decidió entrar a saludarlos, pero no le dio tiempo.

—Hola Emma —dijo una voz detrás de ella—. Soy Manuel, el padre de Carla. Bienvenida a Málaga y a tu casa.

Emma iba a extender el brazo para darle la mano, pero el padre de Carla le dio un abrazo y dos besos, igual que había hecho Carmen. Manuel era alto, un poco calvo y llevaba gafas. Tenía la misma sonrisa que su hija y era igual que en las fotos que le había enseñado Carla cuando fue a San Diego.

Carla se parecía a su padre.

—Gracias, señor Moreno. Tiene un piso muy bonito. No podría cansarme nunca de esta vista. ¿Aquello de allí es la catedral?

—Sí, es una catedral muy especial, del siglo dieciséis. Pero, por favor, llámame Manuel y puedes tutearme. Mira, a la derecha de la catedral está la Alcazaba, una fortaleza árabe que tiene más de mil años. Un poco más arriba, a la derecha, está el castillo de Gibralfaro, del siglo once. Hay mucha historia y arquitectura de épocas diferentes en Málaga. También tenemos ruinas romanas. ¿Te gusta la historia?

—Sí, pero no he estudiado historia de España. Sólo historia de Estados Unidos y un poco de historia mundial. Tengo mucho que aprender.

Después de conocer a Sergio y de hablar con sus padres, Emma deshizo el equipaje, se duchó y se puso unos pantalones cortos y una camiseta. Ya no estaba cansada, pero ahora tenía mucha hambre porque eran las ocho de la tarde y no había comido nada desde hacía muchas horas.

Manuel había sugerido salir a tapear, y a Emma le pareció una idea excelente. Le hacía mucha ilusión ir de tapas en España porque era algo cultural que había estudiado en su clase de español. Sabía que las tapas no costaban mucho y podía probar muchas cosas deliciosas diferentes porque las porciones eran pequeñas. Cuando aprendió sobre las tapas, Emma todavía no era vegetariana, o más bien pescetariana. Había empezado hacía un mes más o menos, por decisión propia. Menos mal que las tapas que tomaron fueron de tortilla de patatas, ensaladilla rusa, gambas al ajillo, y empanada de atún. La familia de Carla no sabía que Emma había decidido no comer carne.

Cuando regresaron a casa, eran más de las nueve y media y aún era de día. El sol se ponía más tarde en Málaga que en San Diego, y las tapas le habían resultado mejor de lo que había imaginado.

Los padres de Carla se sentaron a ver una película en el salón, Sergio se fue a su cuarto, y Carla tenía que terminar el borrador de un ensayo para su clase de literatura, así que Emma decidió leer un poco en la cama y dormirse temprano. Ahora sí tenía sueño, pero quería hablar con Harper antes de dormir.

Harper era la mejor amiga de Emma. Era hija única y siempre decía que Emma era como su hermana gemela porque nacieron el mismo día. Se conocían desde la escuela primaria, y siempre habían compartido todos los secretos. Ahora Harper estaba pasando el peor momento de su vida. Sus padres estaban divorciándose.

Las dos amigas habían decidido usar las redes sociales para hablar o hacer videollamadas, pero Harper no respondió, así que Emma le dejó un mensaje de voz.

Hey, Sis. I made it! And I miss you already. You were supposed to be here too, but I won't talk about it because it makes me mad and it will make you sad. You must be doing stuff with your dad. You said you'd spend the weekend with him, right? Carla says hi, and her mother asked me to tell you that if your mom changes her mind, you'll always be welcome here. This family is really cool, just like Carla. They hug and kiss all the time. They all kissed me goodnight, except for Sergio, Carla's brother. He's cute and plays soccer. You'd like him even though he doesn't look like Javier Cidoncha. He looks a lot like Carla. We all went out together for a casual early dinner, but he didn't talk much. He was bored to death, poor guy. His parents have a no-phone policy when they eat together. He wasn't rude or anything, but I'm sure he'd rather hang out with his friends than with his parents, sister and me. Considering it was my first night, he had to sacrifice a little and join the family. We ate tapas! Remember what we learned about those small portions of food they serve with a drink in Spain? I ate four different things, no meat, and they were all to die for, even better than the pictures we saw in our Spanish class last year. I haven't told them I don't eat meat, but I will. Carla lives in a huge condo, they call it "piso" in Spanish. It's really cool and has an incredible view. My Instagram is going to be loaded with pictures. You can see the bay, the long tropical park full of palm trees, the marina and the historical downtown, all from their big balcony. I have my own room. You know I don't like heights, right? Guess what! They live on the fifteenth floor, with the Mediterranean sea just below, so close to the water you could almost jump in. I'll try to catch you tomorrow after school. It may sound silly but I'm so nervous. I feel the way I felt on my first day as a freshman. I'll remember the nine hours time difference. I'm going to bed now. Love you.

Emma dejó cargando el teléfono y apagó la luz. Estaba un poco nerviosa porque mañana iría al instituto con Carla. Ella no era de las más tímidas, pero tampoco era de las más extrovertidas. No sabía si tendría que presentarse en español delante de toda la clase, y no sabía qué ponerse. Por la mañana, podría desayunar primero y vestirse después, así vería lo que se ponía Carla, pero no sabía si era de mala educación desayunar en pijama.

Un ruido despertó a Emma en medio de la noche. Estaba soñando que perdía su vuelo a Málaga porque se había quedado dormida en el primer avión. Cuando abrió los ojos todo estaba oscuro, pero olía a café. No era como el café del avión, sino espresso, del bueno.

Oía voces, voces en español. ¿Aún estaba soñando? ¿Dónde estaba? La oscuridad era total.

Alguien llamó a la puerta.

—Emma, ¿estás despierta? —Era la voz de Carla. Pero... aún era de noche. No tenía sentido—. ¿Puedo entrar?

—Sí, claro. Pasa —respondió Emma con voz de estar medio dormida.

Emma esperaba no estar hablando en sueños y despertar a toda la familia el primer día. Su madre le había contado que cuando Emma era pequeña, a veces hablaba en sueños y se levantaba de la cama. No podía hacer eso aquí. Qué vergüenza.

La puerta se abrió y la luz venía de fuera. Era de día, y Carla estaba vestida, peinada y lista para salir.

¿Qué había pasado?

—No te preocupes, todavía no he desayunado y faltan veinte minutos para salir. ¿No te ha sonado la alarma?

La alarma. Emma se había olvidado de poner la alarma en su teléfono después de dejarle el mensaje a Harper la noche anterior.

—Anoche tenía mucho sueño. Me he quedado dormida. Pero ¿por qué está tan oscuro en la habitación?

Carla pulsó un botón en la pared y una persiana metálica empezó a subir despacio hasta que la luz del día iluminó toda la habitación.

—Aquí solemos dormir a oscuras y así no entra la luz de la calle. ¿Viste anoche que las calles están mucho más iluminadas que en Estados Unidos? En España, todas las ventanas tienen este sistema de persianas. Lo echaba de menos en California y me costó acostumbrarme a despertarme con tanta luz. Pero si tú prefieres despertarte con luz, puedes dejar la persiana subida. Mi madre debió bajarla anoche, cuando regresamos. Te veo en la cocina —dijo mientras salía de la habitación y cerraba la puerta.

Emma estuvo lista en diez minutos, desayunaron y salieron para el instituto. Todo era muy diferente a las mañanas en San Diego. Había mucha gente en la calle, adolescentes con sus mochilas, padres de camino a la escuela con sus hijos, gente con traje y corbata, otros haciendo deporte o corriendo junto a la playa, paseando a sus perros, leyendo el periódico con un café espresso en la terraza de un bar, y abuelos con sus nietecitos. Había muchas cafeterías y mucha actividad en la calle. También había tráfico y coches por todas partes, pero sobre todo muchos ciclomotores tipo Vespa.

Emma no sabía el tiempo que tardaron en llegar al instituto, pero no tardó en darse cuenta de que Málaga era una ciudad llena de vida, y con mucho ruido. Se sorprendió al ver cientos de ciclomotores de mil colores diferentes, algunos con el casco enganchado en el manillar, y con pegatinas como las que ponen los estudiantes americanos en sus botellas de Hydro Flask. Entonces recordó algo que le había dicho Carla cuando estuvo en San Diego. En España la edad para poder conducir un coche es dieciocho años, por lo cual los estudiantes van al instituto andando, en transporte público o en moto.

¡Qué divertido!

—¿Tú no tienes moto? —preguntó Emma.

—No. A mi madre le dan pánico las motos. Mi prima tuvo un accidente de moto cuando tenía catorce años. Yo era pequeña. Estuvo en coma dos semanas. La ley cambió y ahora debes tener quince años para conducir una moto. Mi hermano intentó convencer a mi padre, pero mi madre dijo que no quería estar intranquila todo el día pensando que podría pasarnos algo como a mi prima.

—Mis padres también se preocupan demasiado. Es normal.

—Cuando tenga un trabajo me compraré un coche, pero por ahora todo lo hago andando, en autobús, en metro, o en el coche de mis padres. Esto no es Estados Unidos.

Emma pensó que cada país tiene cosas que otros no tienen, y cuando visitamos un país extranjero sólo miramos las cosas positivas y lo que nosotros no tenemos.

El instituto de Carla no era lo que Emma había imaginado. No podía creer que ese edificio que parecía un palacio en medio de la ciudad fuera en realidad una escuela de educación secundaria. La entrada era semejante a la de un monasterio, con una puerta de madera enorme y pesada bajo un arco de piedra. Las paredes estaban cubiertas de mosaicos, y le hacía sentir como si hubiera viajado doscientos años atrás en una máquina del tiempo. Todo estaba en muy buenas condiciones. El patio central tenía arcos y columnas de mármol. Desde allí se veían unos balcones con puertas de madera azules en las dos plantas de arriba. Eran las clases.

Emma sintió unas ganas enormes de sacar su teléfono y ponerse a hacer fotos, pero tendría que esperar. Había estudiantes moviéndose en todas direcciones y Carla tenía prisa porque le gustaba llegar pronto a clase. Emma no podía quedarse atrás.

Mientras Emma se distrajo un poco admirando la belleza del lugar, Carla le dijo algo que Emma no entendió, y después desapareció.

¿Dónde había ido? ¿Debía esperarla allí? Emma miró a su alrededor. Carla no estaba. El patio era muy grande y había diferentes escaleras para subir a las clases. Tampoco sabía cuál era la clase de Carla.

El timbre sonó y los estudiantes empezaron a andar más rápido, algunos corrían a clase. Todo estaba cerca, en el mismo edificio, no como en San Diego. Preguntar a cualquier persona por Carla sería absurdo, así que la mejor opción era esperar a que Carla la encontrase a ella.

Eran las ocho y cuarto.

Cada vez había menos estudiantes y más silencio en el patio de columnas y arcos.

Quizá Carla había ido al baño. Ella también tenía que ir, y era mejor hacerlo ahora, porque no sabía lo que durarían las clases. Seguramente eso era lo que le había dicho su amiga.

Al girar la esquina para subir la primera escalera, algo le cayó encima y la tiró al suelo.

Aturdida y con dolor en la frente, fue a levantarse cuando alguien le ofreció la mano.

—Lo siento mucho, ¿estás bien? Ha sido culpa mía. Estaba poniendo el móvil en silencio y no te he visto.

Emma levantó la cabeza y tuvo que hacer un esfuerzo para no quedarse con la boca abierta. Ante ella tenía al chico más guapo que había visto en su vida. Parecía el hermano gemelo de Javier Cidoncha, el actor madrileño de ojos azules, cejas anchas y cara de niño enfadado que tanto le gustaba a su amiga Harper.

—Yo tampoco estaba mirando. No pasa nada —dijo Emma, aceptando la mano que le ayudó a levantarse—. Estoy bien.

El chico le soltó la mano, recogió el bolso de Emma del suelo, y se despidió con una breve sonrisa de labios cerrados continuando su camino.

¿Lo volvería a ver? Emma no era como Harper, a la que siempre le gustaba algún chico. Ella nunca había tenido novio ni se había enamorado de verdad. Los chicos que conocía eran sus amigos, de los cuales muchos eran un poco inmaduros, y siempre había sido muy tímida con los que le habían gustado un poco más.

—¿Emma? —dijo una voz detrás de ella, una voz familiar masculina—. ¿Y mi hermana?

—¡Sergio! Ummm, no sé. La estoy buscando. Me dijo algo que no comprendí y se fue. No sé cuál es el número de su clase.

—Yo voy para la biblioteca, pero puedo acompañarte. Vamos. ¿Te gusta el instituto?

Sergio no había hablado mucho el día anterior, pero hoy estaba muy simpático.

—Gracias. Sí, me gusta mucho. Es muy diferente de los de California, y mucho más pequeño —comentó Emma mientras subía las escaleras junto al hermano de Carla.

—También es diferente de los demás institutos de Málaga. Los otros son mucho más grandes y modernos, pero éste es muy especial porque fue el primero de la ciudad, y es uno de los mejores. Mira —dijo Sergio, señalando a una clase—, ésa es la clase de Carla, la puerta está abierta, así que el profesor no ha llegado todavía. Si no ves a Carla dentro, sus compañeros te dirán cuál es su sitio.

Las horas pasaron muy rápido el primer día, y a las tres menos cuarto sonó el último timbre. Hora de ir a casa.

Era la semana antes de los exámenes finales, y Emma iría sólo a las clases de lengua con Carla. El resto del día asistiría a diferentes clases de inglés, como apoyo de conversación para ayudar a los alumnos que estaban aprendiendo su idioma. Emma se sintió muy bien ayudando a otros a practicar su inglés, y pensó que ser profesora no estaría nada mal. Profesora de inglés en España.

Por la tarde, la madre de Carla invitó a las chicas a merendar en una tetería del centro. Sergio tenía que trabajar en un proyecto con un amigo, y Manuel no saldría del trabajo hasta las siete y media, así que sería una tarde sólo de chicas.

Al igual que por la mañana, el centro de la ciudad bullía con vida, y un aroma intenso a jazmín invadía las calles estrechas junto a la catedral. Apenas dos días en Málaga y ya estaba enamorada de la ciudad y de su energía. Eran casi las seis de la tarde y el sol estaba aún muy alto. Los bares de tapas estaban llenos de gente, al igual que las cafeterías. Había tiendas de regalos, y coches de caballos para llevar a los turistas alrededor del parque y de la catedral. El olor a flores y a incienso era cada vez más profundo.

—¡Qué bien huele! —Emma nunca olvidaría esa esencia.

—Son los jardines de la catedral. Hay muchas rosas y jazmines. Por la noche huele más —le explicó Carmen —. Hay muchos jazmines en Málaga, y los venden a los turistas por todas partes ya preparados artísticamente en unos ramitos llamados biznagas.

—Mira —interrumpió Carla—, esa es mi tetería favorita. Hay muchas, y cada una es diferente, pero ésta es especial. Ya verás.

Emma se preguntaba por qué no había teterías en Estados Unidos. Era el lugar perfecto para reunirse con amigos, en un ambiente acogedor, con música que permitía la conversación y una luz tenue. Tapices exóticos decoraban las paredes, y los espacios separados ofrecían más intimidad a cada grupo de personas. Era un lugar donde la carta de tés, batidos y zumos naturales contaba con cinco páginas, a lo que había que sumar los crepes, pastitas, y otras cosas dulces para acompañar.

La tarde pasó entre risas, charla y mucho té.

Cuando llegaron a casa, Manuel ya estaba allí. En la televisión había noticias, pero en lugar de mirar a la pantalla, el padre de Carla estaba leyendo algo en el sofá.

Cuando oyó a Carmen, Manuel dejó el libro en la mesita, bajó el volumen de la televisión y se levantó para abrazar y besar a su mujer. Ella colgó las llaves en la pared, dejó su bolso en la entrada y se dirigió hacia su marido. Se miraron el uno al otro como lo hacen los enamorados, y eso era algo que Emma no veía normalmente en personas de la edad de sus padres. Los padres de Emma tenían una buena relación, pero era diferente y menos expresiva.

Mientras el matrimonio se abrazaba, Carla le explicó a Emma que cada tarde, entre la merienda y la cena, sus padres pasaban un par de horas juntos, a solas, hablando y compartiendo las cosas del día. Era su momento y había sido así desde que Carla era pequeña.

Cuando Emma iba para su cuarto pasó por delante de la puerta de Sergio. Quería darle las gracias de nuevo por su ayuda en el instituto, pero la puerta estaba cerrada y se oía música dentro. Seguramente todavía estaba trabajando con su amigo, así que decidió no interrumpir. Se lo diría más tarde, durante la cena.

Eran las ocho y media, y probablemente no cenarían hasta las nueve y media o las diez, como era la costumbre en España. Tenía tiempo para una ducha rápida, leer algo, ver lo que habían puesto sus amigas en las redes sociales, mirar su correo por si tenía algo de sus padres y posiblemente hablar con ellos.

Cuando estaba a punto de meterse en la ducha, se dio cuenta de que no tenía su champú. Ya se había quitado la ropa, así que se lió una toalla grande al cuerpo y cuando iba a salir a buscarlo, la puerta del cuarto de baño se abrió, golpeándola en la frente.

—¡Ay!

El dolor fue instantáneo, y seguro que la marca en la frente también.

—¡Oh no, lo siento! No esperaba a nadie aquí —dijo una voz masculina al otro lado de la puerta, una voz que no era de Sergio, ni de Manuel.

Emma dio un paso atrás y la puerta se abrió despacio, dejándole ver al agresor involuntario.

—¿Tú? —dijo Emma casi en un susurro mientras se frotaba la frente.

—¿Tú? —respondió el chico guapo del instituto con la misma cara de sorpresa que ella, pero sin el dolor ni la marca roja en la frente—. Dos golpes en un día a la misma chica. Nunca me ha pasado.

—¿No te ha pasado dos veces con la misma chica o normalmente es sólo un golpe?

Los dos se rieron y Emma sintió un cosquilleo

extraño en el estómago. Esa mirada intensa parecía poder leer lo que ella estaba pensando.

—¿Eres el amigo de Sergio? —preguntó Emma, aún sabiendo la respuesta. Tenía que disimular el efecto de esos ojos azules y profundos como el mar.

Él asintió con la cabeza.

—Y tú debes ser la amiga americana de Carla. Noté tu acento esta mañana en el instituto y me lo imaginé. Soy Raúl. Raúl Castillo Vidal, y vivo en este mismo edificio, dos plantas más abajo. Sergio y yo somos amigos desde que éramos pequeños.

—Sí, soy Emma Wilson y mi acento me delata. Carla estuvo en mi casa de San Diego durante tres semanas el año pasado en agosto, cuando yo empecé las clases en mi escuela, quiero decir en mi instituto.

—Por eso me sonaba tu cara cuando te vi esta mañana, antes de oírte hablar. Vi las fotos de Carla en San Diego. California es muy bonita. Estuve hace muchos años con mi familia y me encantaría volver.

—Mucho gusto Raúl —dijo Emma por decir algo. La presencia de ese chico la ponía un poco nerviosa.

—El gusto es mío —respondió el chico con una amplia sonrisa.

Tras un momento de indecisión por parte de los dos, Raúl se acercó y se dieron dos besos. El contacto de su cara con la de Raúl le produjo una pequeña descarga eléctrica.

¿Habría sentido él lo mismo?

CAPÍTULO 3

Al día siguiente Emma se despertó a las siete menos veinte de la mañana, cinco minutos antes de que sonara su alarma. No sabía si Sergio y Raúl irían al instituto con ellos, pero sólo la idea de ir juntos le producía un nudo en el estómago.

La tarde anterior, cuando salió de la ducha, Raúl ya se había ido a su casa y no se quedó a cenar con ellos. Emma ayudó a Carla a preparar una presentación para su clase de inglés, luego ayudaron a su madre en la cocina, y pusieron la mesa. Después de cenar y de meter los platos en el lavavajillas, se sentaron a ver una serie española en la televisión, pero Emma no pudo prestar mucha atención a la serie porque no podía dejar de pensar en Raúl ni en sus ojos.

Cuando se fueron a la cama eran más de las once y media de la noche, y estaba demasiado cansada para hablar con Harper. Le escribió un mensaje a sus padres y se durmió muy rápido. Sorprendentemente no tenía *jet lag*, considerando las nueve horas de diferencia con California.

Hoy sólo tenía que asistir a dos clases de inglés como ayudante del profesor, y nada más hasta la última hora que tenía lengua española en la clase de Carla. Pero antes del recreo no tenía nada y podría ir a la biblioteca a leer, usar su tableta o escribirle a Harper y contarle lo de Raúl. ¿Por qué no podía dejar de pensar en ese chico? Nunca le había pasado algo así.

Emma nunca había creído en el amor a primera vista.

Se miró en el espejo y ya sólo tenía un puntito rojo en la frente, pero el pelo lo tenía imposible. Normalmente no le prestaba mucha atención a su pelo. Emma tenía una abundante melena rizada de un dorado rojizo que había heredado de su padre. Sus hermanos la llamaban "leona" de manera cariñosa, por la cantidad tan grande de pelo que le sobrepasaba los hombros. Carla tenía el pelo más largo, más oscuro, y menos rizado que Emma, quizá ella tendría algún producto que le quitara volumen a su pelo. Si no, compraría algo más tarde. De repente, su aspecto empezó a importarle un poco más.

—¿Lista? —le preguntó su amiga desde la puerta del cuarto de baño. Carla llevaba una cola de caballo y su sonrisa perfecta. Era muy guapa y muy natural.

—Sí. ¿Tenemos que esperar a Sergio, o él va con Raúl? —Emma tenía que saberlo para estar preparada mentalmente. Ese chico tenía la habilidad de acelerarle el corazón.

Emma todavía no le había contado a Carla su inexplicable reacción cuando veía a Raúl. No sabía si se lo diría al chico o no y no quería arriesgarse.

—No. Sergio siempre se va muy temprano y desayuna con sus amigos en una cafetería al lado del instituto. Raúl va en moto y sale un poco más tarde.

A Emma le gustaba el horario del instituto de Carla. Empezaban a las ocho y cuarto, y cada clase duraba una hora, con un recreo de media hora a las once y cuarto. Tres clases, descanso y tres clases. Los alumnos se quedaban en la misma clase todo el curso escolar y los profesores eran los que cambiaban de clase. A las tres menos cuarto se acababa el día y todos se iban a almorzar a sus casas, porque en el recreo sólo tomaban algo ligero que compraban allí o llevaban de casa.

Tenían seis horas de clase cada día y unas tardes larguísimas, porque el sol no se ponía casi hasta las diez de la noche. Había tiempo para todo, por eso merendaban a la hora de cenar, cenaban después de las nueve y media de la noche, y se acostaban muy tarde.

Cuando llegaron al patio de columnas del instituto, Carla se paró a hablar con dos amigas y Emma aprovechó la oportunidad para mirar a su alrededor. Sólo conocía a tres personas, y una de ellas estaba a su lado. Los otros estudiantes del programa de intercambio estaban también en Málaga, pero iban a distintos institutos, dependiendo de la familia con la que se quedaban. Un día iban a ir todos juntos a Granada con dos profesores voluntarios del programa, pero eso sería durante la semana próxima.

Cuando sonó el timbre, todo el mundo empezó a

andar más deprisa, algunos a correr, hasta que el patio se quedó vacío.

Emma esperó un poco antes de ir a la biblioteca. No podía hablar con nadie en California porque allí eran las once y cuarto de la noche y sus padres se acostaban sobre las diez y media. También era tarde para llamar a Harper, pero no para escribirle.

En la biblioteca buscó un rincón cómodo y tranquilo, sacó su tableta y un libro. No permitían agua ni comida, así que dejó las almendras y el chocolate en su bolso.

Una señora de pelo rubio muy elegante venía hacia ella. Emma miró a ambos lados y no había nadie más allí, así que seguramente era una profesora que quería comprobar si Emma tenía identificación y si era alumna del instituto.

Emma ya estaba lista para explicarle quién era y decirle que tenía que esperar a las doce menos cuarto para ir a su primera clase. No tenía un pase ni una identificación aparte de su tarjeta de identidad de California.

La señora se paró delante de ella con una sonrisa. Emma la dejó hablar primero.

—Hola Emma, soy Julia, la directora del centro.

¿La directora? ¿Cómo sabía quién era ella?

Emma se puso de pie inmediatamente. La señora llevaba un traje de chaqueta verde oscuro con una falda y una blusa blanca. Tenía una cara amable y bonita, de ojos cálidos y sonrisa sincera.

—Mucho gusto —respondió Emma, extendiendo la mano en forma de saludo. Ella sabía que no era lo normal en España, pero no sabía si darle dos besos a la directora era lo apropiado. La directora respondió a su saludo estrechándole la mano—. Pensaba que venía a decirme que no podía estar aquí. ¿Cómo sabe quién soy?

—Puedes estar aquí cuando quieras —la directora se sentó y le indicó a Emma con un gesto que se sentara también—. Sé quién eres porque te vi llegar ayer con Carla y ya sabíamos que una de las alumnas del programa de intercambio se alojaba en la casa de Carla y Sergio. El profesor de inglés con el que vas a trabajar estos días me dijo que hiciste un trabajo excelente en su clase ayer. Sólo quería conocerte personalmente y darte las gracias por ofrecerte a ayudar a nuestros alumnos de inglés antes de los exámenes finales.

—Es un placer. Me encanta este instituto. Es precioso y muy diferente de los institutos de Estados Unidos.

—Es diferente de otros institutos de Málaga también. Fue el primero de la ciudad y su historia es muy interesante. Me alegra que te guste. ¿Vas a venir a la fiesta de fin de curso?

Emma recordó que Carmen le había hablado de una fiesta el primer día, pero no sabía si era esa o no. Probablemente la directora vio la confusión en su cara.

—Veo que Carla no te ha dicho nada. Es una fiesta grande donde asisten los alumnos, los padres y los profesores del instituto. Se celebra cada año al final de curso, después de los exámenes finales. Es como una despedida antes de las vacaciones de verano.

—¿La hacen todos los institutos?

—Sí. Hay comida, música, actuaciones de los alumnos, y un mensaje de despedida y de agradecimiento que normalmente doy yo en nombre de todos los que trabajamos en el centro. Es una fiesta muy divertida y espero verte por aquí. Los padres de Sergio y Carla siempre vienen. Sus hijos son unos alumnos excelentes. Es una buena familia.

—Tengo mucha suerte de estar en su casa, y me encantaría asistir a la fiesta con ellos. Me gusta mucho bailar. *Y comer* —pensó Emma, pero no lo dijo.

Cuando la directora se alejó, Emma entró en Internet y leyó sobre la historia del Instituto Público de Enseñanza Secundaria Vicente Espinel, al que todos conocen como Gaona. Seguro que a sus padres les gustaría mucho porque ellos siempre buscaban información sobre los lugares históricos que visitaban, así que decidió escribirles un email.

How are the best parents in the world? Surprise!! Yes, it's me writing. I already told you how cool Carla's parents are, and how welcome they make me feel, but I haven't told you about Carla's school. I met the principal today. She knew who I was and told me about a big party they do to celebrate the end of the school year. I don't think there is a formal graduation ceremony here. She told me a little bit about the school and piqued my curiosity, so I went online and now I find this school even more fascinating than I already did yesterday. I'll take lots of pictures to share, but you can check it out on this website http://www.iesvicenteespinel.es/.

Even though everything is in Spanish, there are lots of pictures. The place was built in the 1700s. It was a palatial house that belonged to a rich count who donated this property to a religious congregation. This community of priests bought other properties around it to add rooms and residencies for spiritual exercises. The building became a public high school in 1846 and it was the first high school in Málaga. They have preserved it the way it was back then, and it's amazing, just way small for a high school compared to ours. It's like entering a palace or a monastery. There is a huge courtyard in the middle, and sixteen arches supported by marble columns, Tuscan style. The walls are made of mosaics and the floors are either tiles or marble, so elegant and cool. It's a three story building and the classrooms are upstairs.

The school has less than 600 students and only forty teachers, but it's one of the best. I'll go see the crypt today, if they let me. It's currently a conference room, but in the pictures it looks like something out of a movie, where you can get lost in the labyrinthine corridors. It makes me want to write a mystery tale from another time. On the walls, there are plaques and photographs of lots of famous people who have studied here since 1846, including Severo Ochoa, Nobel Prize of Medicine in 1959, Pablo Picasso, and many other famous Spanish authors, politicians and poets. I'm not surprised this place inspired them. The school has received a medal for its academic excellence and other awards. Lucky me!!

I'll talk to you tomorrow.
Kiss the twins from me and tell them I miss them.
I love you!!
Em

. . .

Emma no podía creer que había pasado más de una hora entre investigar sobre el instituto y escribirle a sus padres. Nunca se había interesado tanto por un centro educativo, pero ese lugar tenía algo especial. De repente sintió mucha hambre, y sólo eran las diez de la mañana. Quería hablar con Carla sobre la fiesta de fin de curso, y quería darle las gracias al profe de inglés por hablarle bien de ella a la directora.

A Emma le gustaba ayudar, y no le importaría ser ayudante de otros profesores de inglés también. Era divertido y fácil. Ella sólo tenía que hablar con los estudiantes y responder a las preguntas. Podían hablar de cualquier cosa y ella podía corregirles y ayudarles con sus errores. La única regla era no hablar en español durante la hora de clase, sólo inglés.

La clase de lengua española era muy difícil. Analizaban textos, escribían mucho y usaban una terminología que ella no conocía bien, pero lo bueno era que no tenía que hacer exámenes ni estudiar, sólo estar allí, escuchar español e intentar comprender lo que estaban haciendo. No se parecía a las clases de inglés en San Diego.

Carla, Emma y Sergio regresaron juntos a casa. Carmen ya estaba allí. Todos almorzaron juntos y luego el padre de Carla se fue a trabajar de nuevo, y la madre se quedó en casa porque los bancos cierran muy pronto en España. Su madre sólo trabajaba de nueve a dos y media de la tarde de lunes a viernes, y algunos sábados por la mañana. Su horario era más corto que el de un profesor de instituto.

Por la tarde, Carmen les dijo que tenía que hacer

algunas compras y Carla y Emma decidieron ir con ella. El supermercado estaba muy bien organizado y era muy moderno. Había muchos productos distintos a los que se encontraban en los supermercados de Estados Unidos. La sección de charcutería era enorme, y no había galones de leche. Tampoco había revistas junto a la caja como en la mayoría de los supermercados en Estados Unidos, y los carritos de la compra eran más pequeños.

La madre de Carla compró jamón ibérico, también conocido como pata negra, el mejor jamón del mundo según Carmen, y según un artículo que había leído en el periódico hacía un par de años. Cuando Emma vio el precio en el supermercado, pensó que seguramente era también el más caro. Lo comerían como aperitivo antes de cenar. Esa noche no era el momento de decirles que no quería comer carne porque lo habían comprado como algo especial para ella, y sería maleducado recharzarlo. Ese jamón olía divino y era diferente de todos los demás, más oscuro, menos blando y mucho mejor que el prosciutto italiano de los supermercados en Estados Unidos. Emma había visto antes jamón ibérico de España en Whole Foods, pero nunca lo había probado. Esta noche sería la primera.

CAPÍTULO 4

La semana pasó volando, y Emma notaba que su español era cada vez mejor. Comprendía más, podía expresar más cosas y tenía menos miedo y vergüenza de cometer errores. Ayudar a los alumnos de inglés le ayudó a ver que la única manera de aprender un idioma es usándolo lo más posible, escuchando, leyendo y hablando en ese idioma. Los errores no importaban tanto si la comunicación era posible.

Emma y Carla tenían todo el fin de semana planeado. Hoy irían de nuevo al centro, pero en lugar de a una tetería para hablar y relajarse, irían de ruta turística e histórica para ver la catedral, las ruinas del teatro romano, la alcazaba árabe y el castillo de Gibralfaro. Muchos de esos monumentos arquitectónicos se podían ver desde el piso de Carla.

A la hora de comer irían de tapas. Se le hacía la boca agua sólo de pensar que hoy pasaría todo el día en el centro histórico de Málaga haciendo fotos y tapeando.

Por la tarde, irían al Muelle Uno, en el puerto y muy cerca de la casa de Carla. Muelle Uno es una zona de ocio, restaurantes y mucho ambiente. Sería estupendo si Sergio y Raúl también salieran con ellas por la noche. Emma no había visto mucho a Raúl durante la semana, sólo un par de veces en el instituto, pero fue muy breve. Sergio fue a estudiar a casa de Raúl dos días, y Emma se preguntaba si la razón era que Raúl quería evitarla porque había notado lo que ella sentía y era incómodo para él.

Emma no comprendía su extraña atracción por el vecino de su amiga, pero sabía que era algo temporal. Dentro de un año probablemente no recordaría su nombre, sólo sus ojos azules y su preciosa cara de niño enfadado.

Después de desayunar café y tostadas en la terraza, Emma y Carla se pusieron ropa cómoda para la excursión por la Málaga clásica, empezando por la catedral renacentista del siglo XVI. Emma no entendió todo sobre la historia de la catedral ni la razón por la que no tenía una de las torres, pero disfrutó la visita guiada casi tanto como el aroma de las flores que había alrededor.

Muchas de las calles del centro histórico son peatonales y no había tráfico, sólo tiendas, restaurantes, bares, cafeterías, jardines y casas históricas muy elegantes.

Había muchos turistas por todas partes que hablaban distintos idiomas, pero la mayoría de los turistas hablaba en inglés.

—Carla, seguro que tú tienes muchas oportunidades de practicar inglés aquí. ¡Es increíble cuánta gente habla inglés!

—Sí, pero los turistas quieren ver cosas, hacer fotos, comer, comprar, y no perder el tiempo con una estudiante que quiere practicar su idioma —dijo Carla señalando a algunos de los turistas que estaban haciendo fotos, mirando guías o usando sus teléfonos móviles—. Mira, ¿ves? Si hablan con una persona local es para obtener información sobre algo o porque necesitan ayuda. Es lógico.

Las chicas disfrutaron del Museo Picasso e incluso tuvieron la oportunidad de visitar la casa donde nació el famoso pintor malagueño. Bajaron desde la Plaza de la Merced y Emma se quedó fascinada al ver las ruinas del teatro romano.

—Nunca he visto ruinas romanas. No esperaba ver algo así en medio de la ciudad—. Emma empezó a hacer fotos desde todos los ángulos posibles.

—Yo crecí viendo todo esto y para mí es normal, pero para un estadounidense imagino que es impresionante. Aquí han vivido muchas civilizaciones como los fenicios, los griegos y los cartagineses. Málaga antes se llamaba "Malaka" pero no sé cuándo le cambiaron el nombre, ni quién. Los romanos construyeron este teatro en el siglo I antes de Cristo y creo que se usó durante unos cuatrocientos años solamente. Los árabes vivieron en España durante ochocientos años. Ellos vinieron a Málaga en el año 743 después de Cristo y construyeron su fortaleza junto al teatro romano. Cuando vayas a Granada con tu grupo vas a aprender mucho sobre el legado árabe en España.

—No sabía que Málaga tuviera tanta historia de tantas civilizaciones y culturas diferentes. Tengo ganas de conocer Granada también —Emma se sentía mal por no saber más de la historia y la riqueza cultural de un país que había sido tan importante y poderoso en Europa y en el mundo entero.

—Es que nos han invadido muchas veces, pero así es la historia, invasiones, guerras y lucha por poder y territorio. ¿Tienes hambre ya?

—Me muero de hambre —confesó Emma. Tanto andar y ver cosas tan interesantes le había abierto el apetito.

—Pues entonces vamos a hacer una pausa para ir de tapas. Invito yo —Carla tomó a Emma de la mano y fueron por una calle muy estrecha hasta una plaza con una fuente—. Hay cientos de opciones y lugares para tapear, pero podemos ir a los lugares donde normalmente van mis padres. La comida es buenísima.

—Perfecto. Tú eres la guía. Por favor permíteme pagar las tapas —Emma estaba muy agradecida por todo lo que Carla y su familia estaban haciendo por ella y quería gastar su dinero en cosas como ésta.

—Te he dicho que invito yo —repitió Carla mientras entraban en un bar muy pequeño con una barra larga donde todas las personas estaban de pie. No había mesas, sólo taburetes altos.

Muy extraño —pensó Emma.

—No comprendo —dijo, un poco confundida.

—Invitar quiere decir pagar, o como le llaman en inglés *to treat*. Si quieres tú puedes invitarme esta tarde a un chocolate con churros. Los churros aquí son muy diferentes porque los hacen en ruedas o en pequeños óvalos en forma de ojo. No llevan azúcar ni canela, pero tienen mucho sabor. Se mojan en el chocolate caliente o en el café y se toman recién hechos, muy calientes. Muchas cafeterías del centro y en muchas zonas de Málaga hacen churros para desayunar y también para merendar.

—Me encantan los churros. Yo te invito esta tarde, y quiero invitar a tus padres también si no están ocupados.

Emma y Carla fueron a tres bares de tapas diferentes. Los restaurantes normalmente tienen tapas que se sirven como aperitivos, pero los bares de tapas son diferentes porque sólo sirven tapas, son más pequeños y la gente no se sienta en una mesa para comer.

Hasta ahora había evitado la carne, y aún no les había dicho nada ni a Carla ni a sus padres. Ella normalmente bebía agua porque no le gustaban los refrescos con gas, pero en el segundo bar de tapas, Carla pidió una caña. En España, a un vaso pequeño de cerveza de grifo le llaman caña. Al principio Emma no sabía si eso era legal, pero Carla le explicó que su cerveza no tenía alcohol. También le dijo que la ley sobre la edad mínima para tomar alcohol legalmente cambiaba todo el tiempo y que ahora era a los dieciocho. La cerveza, al igual que el vino, era una bebida muy común en España, y muchos jóvenes a partir de dieciocho años la tomaban con sus padres y no pasaba nada, siempre que se tomara con comida y con moderación. Así que Emma se decidió a acompañar a Carla con una de esas cervezas sin alcohol.

Las dos amigas llenaron sus estómagos antes de seguir su ruta turística. Emma se había tomado la primera cerveza de su vida, con una tapa de calamares fritos y otra de ensaladilla rusa.

De camino a casa, aprovecharon para visitar el Centro Pompidou con su icónico cubo de cristales de colores iluminado por el sol de la tarde malagueña. Eran las cinco y las dos chicas estaban ya muy cansadas de andar.

Regresaron a casa, se cambiaron de ropa, y bajaron a la playa a relajarse y quizá dormir una siesta. El sol estaba aún alto pero no hacía demasiado calor.

—Hay mucha gente en la playa, pero sólo los niños están en el agua —observó Emma mientras extendía su toalla en la arena.

—Eso no es nada. En julio y agosto hay más del doble porque llegan todos los turistas y ya no hay clases.

Emma pensó en el estilo de vida de Carla, junto a la playa, en un lugar donde tomar una cerveza con los padres, o sin ellos, a los dieciocho años era algo normal, y donde la gente disfrutaba de la vida cada día y no sólo en las vacaciones. También pensó en Raúl y quería saber más cosas de él.

—Carla ¿nunca sales con tu hermano y con Raúl? —Emma no sabía cómo empezar el tema.

—Últimamente no mucho. Más por mi hermano. Raúl es muy guapo, ¿verdad? Todas las chicas del bloque estaban por él, y yo les decía que Raúl era para mí. Es un encanto de chico, pero sus padres son un poco raros y él no pasa mucho tiempo con ellos. Prefiere estar en mi casa.

No desde que he llegado yo —pensó Emma.

La hora que estuvieron en la playa fue perfecta para

reponer energía. Emma se había llevado un libro y su teléfono, pero no los tocó porque las dos amigas estuvieron hablando o simplemente tumbadas con los ojos cerrados escuchando el ir y venir de las olas en la orilla del Mediterráneo. Emma se preguntaba si a Carla también le gustaba Raúl.

Era posible que hubiera algo entre ellos y que no lo supiera nadie, ni siquiera Sergio.

Tras una ducha rápida, Emma salió de nuevo con Carla y sus padres a merendar chocolate con churros. Esta vez fueron en el coche de Manuel. No tardaron nada en llegar, pero mucho en aparcar.

Emma estaba segura de que esos churros habían sido los mejores de su vida. Era una rueda enorme con forma de espiral, y de ahí iban cortando trocitos para mojar en la taza de chocolate espeso.

El padre de Carla tenía buen sentido del humor y estuvieron hablando sobre los estereotipos de los americanos y los españoles. Manuel le contó a Emma que el sueño de Sergio era vivir en California y trabajar en el Silicon Valley. El problema era su inglés. Sergio no era tan bueno como Carla, y no tenía amigos americanos. Sería perfecto si los hermanos de Emma fueran mayores para conectar con Sergio, pero ellos vivían en San Diego y la diferencia de edad era grande.

Emma no podría cenar esa noche. Ya eran las siete y media y estaba llena por los churros y el chocolate. Se tumbó en la cama un momento y cerró los ojos. Le apetecía andar y respirar la brisa cálida del mar.

Alguien llamó a la puerta de su cuarto suavemente.

—Adelante —dijo Emma, sin saber quién era.

La puerta se abrió sólo un poco y Carmen asomó la cabeza.

—¿Puedo pasar?

Emma se sentó en la cama con las piernas cruzadas.

—Claro. Sólo estaba relajada, pensando en todo lo que he comido hoy. Creo que no podré cenar.

—No pasa nada —dijo Carmen con voz tranquila, sentándose en el filo de la cama—. Yo tampoco tengo hambre. Sólo quería saber cómo te sientes, si necesitas algo y si estás contenta, porque desde que llegaste la semana pasada no hemos tenido mucho tiempo de hablar.

—Gracias Carmen. Estoy muy bien y me encanta todo lo que he visto, tu familia, el instituto, los profesores y la ciudad. Creo que el tiempo está pasando demasiado rápido. Cuando llegue a California voy a echar esto de menos, toda la gente, la comida y el ambiente relajado.

Y los ojos de Raúl…

—Ya sabes que mientras estés aquí quiero que me veas como a una segunda madre para lo que necesites. Aquí tienes tu casa y puedes venir cuando quieras a pasar tiempo con nosotros.

—Me encantaría regresar en el futuro, y Carla puede ir a San Diego siempre que quiera. Mis padres la quieren mucho también. Toda tu familia puede ir a San Diego.

Carmen se puso de pie.

—Eso sería estupendo. Bueno, voy a dejar que te arregles. Dice Carla que vais a ir a Muelle Uno esta noche a dar una vuelta. Hay una nueva heladería con helados artesanos que están riquísimos. Merece la pena la cola. Como Sergio y Raúl van a estar por allí también con unos amigos, Manuel y yo hemos pensado que podéis estar hasta las doce.

—¿La medianoche? —Emma no podía creerlo. Carla decía que sus padres no la dejaban salir por la noche a más de las once si no era en su barrio. Y los padres de Emma no la dejaban salir con las amigas a más de las diez, a menos que estuvieran en el cine y uno de los padres fuera a recogerlas.

—Claro, las doce de la noche —le confirmó Carmen con una sonrisa abierta—. Manuel y yo vamos a ir al cine, así que nos vemos por la mañana. Pasadlo bien.

Emma sintió el impulso de abrazar a la madre de Carla, pero no lo hizo por timidez, y porque mientras se lo pensaba Carmen ya había salido de la habitación y había dejado la puerta cerrada.

CAPÍTULO 5

Emma llevaba un vestido de tirantes por encima de la rodilla. Era negro con florecitas rosa muy pequeñas. Se puso unas sandalias nuevas que se había comprado en el centro esa mañana. Había muchas zapaterías en Málaga y tenían unos zapatos preciosos. A Harper le encantaría estar ahí porque a ella le gustaban los zapatos más que la ropa.

Carla llevaba unos vaqueros cortos azules y una camiseta de tirantes color mostaza. También llevaba un bolso pequeño colgado en bandolera para poner los dos teléfonos, el carnet de identidad y el dinero.

—Mi hermano y Raúl han quedado a las nueve y media con Samu y unos amigos del instituto. Sé donde van a estar, por si te apetece pasarte luego. Sólo hay chicos, pero podemos estar un ratito con ellos antes de regresar a casa. Son muy guays. Sergio a veces llega a la una de la mañana. Tenemos suerte de vivir tan cerca.

—¿A cuánto tiempo más o menos? —Emma no sabía dónde estaba ni qué era exactamente Muelle Uno.

—Ahí mismo, a diez minutos andando. No es nada. Los sábados en verano hay mucha gente en esta zona por la noche, por todos los restaurantes, bares y heladerías. No es peligroso. Muelle Uno es una zona de ocio para jóvenes. A mí me encanta ir con mis amigas, y a veces voy yo sola con Sergio y Raúl cuando no quedan con otros amigos.

—¿Van a estar tus amigas hoy?

—Creo que sí, Adriana y Nuria dijeron que posiblemente vendrían. Las conociste en el instituto. Hemos quedado en la heladería nueva pero no hablamos de la hora. Como tenemos exámenes finales la semana que viene, la mayoría está estudiando este fin de semana. Tú terminaste mucho antes que nosotros.

—Sí, pero luego empiezo antes en agosto y tú no empiezas hasta septiembre. En total tienes más vacaciones que yo.

Cuando llegaron al Muelle Uno, el sol estaba ya muy bajo, pero no se ponía por el mar como en San Diego, porque el mar en Málaga está al sur. Había gente de todas las edades, familias con niños, grupos de jóvenes, parejas y gente mayor que paseaba tranquilamente o que contemplaba el precioso atardecer.

Emma sacó su teléfono para tomar un video. Quería tener recuerdos visuales de cada lugar que visitaba y de cada persona que conocía. El ambiente junto al puerto de Málaga era perfecto, al igual que la temperatura. Había un gran crucero de lujo, y una noria muy bonita y enorme cerca del agua.

—¿Te has montado en la noria? —preguntó Emma
—. Yo nunca he estado en una tan alta. Me recuerda a la de Seattle.

—Sí, fui con mi familia hace tiempo. Por la noche es increíble porque se ven todas las luces y el brillo del mar. El problema es que las fotos no salen bien, pero merece la pena y sólo cuesta siete euros si tienes menos de dieciocho años. Los adultos creo que pagan diez.

Emma no quería irse de Málaga sin subir a la noria y ver toda la ciudad y el puerto desde arriba.

—Me encantaría subir. Después de estar en tu casa ya no tengo miedo a las alturas. Quiero hacer fotos desde arriba, pero me gustaría compartir la experiencia en lugar de subir sola.

—Pues eso tiene fácil arreglo —respondió Carla con su bonita sonrisa de dientes perfectos—. Podemos ir luego u otro día si quieres y nos hacemos *selfies* juntas.

Cuando llegaron a la zona de las tiendas y restaurantes había más gente.

Carla miró algo en su teléfono y se acercó a Emma para hablarle porque había mucho ruido por la gente y la música.

—Todavía es muy temprano —dijo—. Probablemente para cuando tengamos que regresar a casa habrá el doble de gente que ahora. Aquí los jóvenes salen muy tarde. Puedes ver gente cenando en los restaurantes a las diez y a las once de la noche, y es normal, sobre todo en verano.

—Hola —dijo Sergio, acercándose por detrás—. Se nota que estamos de exámenes. No hay nadie.

—¿Nadie? —Emma no entendía lo que quería decir

Sergio. Había mucha gente, y buen ambiente—. ¿Quieres decir que no conoces a nadie?

Sergio se rió y miró a su hermana, quizá esperando que ella le explicara algo, pero ella se dio la vuelta y se alejó un poco. Emma siguió a Carla con la mirada y vio que llegó hasta Raúl.

—¿Emma? —Sergio la estaba mirando como si ella tuviera dos cabezas.

—Perdona, ¿qué me has dicho? —Emma quería ver si Carla y Raúl estaban juntos como pareja, pero tenía que dividir su atención entre Sergio y los otros dos.

—Te decía que cuando digo que no hay nadie, en realidad quiero decir que hay poca gente comparado con otros sábados. Hay muchos estudiantes de secundaria y bachillerato que están terminando el curso y probablemente no van a salir hasta la Noche de San Juan.

Emma tenía curiosidad por saber qué era y qué pasaba esa noche, pero su mente estaba en otra cosa.

—¿Tú no tienes que estudiar? —le preguntó a Sergio, desviando de nuevo la mirada hacia su amiga.

—Sí, por eso hoy me voy a quedar sólo un rato. Estamos esperando a mi amigo Samu para picar algo. Tengo que estudiar inglés para el lunes. ¿Conoces a alguna profesora nativa que pueda ayudarme? Raúl es mucho mejor que yo, pero es imposible practicar con él porque siempre acabamos hablando en español.

—Claro. Puedo ayudarte cuando quieras. ¿Raúl empezó a aprender inglés antes? —Emma no pudo evitar preguntar.

—Sí. Sus padres pasaron un verano en California

por motivos de trabajo cuando él tenía ocho o nueve años. Durante el día él iba a uno de esos campamentos de niños con muchas actividades, y todo era en inglés. Cuando regresaron, Raúl entendía mucho inglés y parece que eso le hizo el aprendizaje aquí mucho más rápido.

—Yo también iba a campamentos de verano casi todos los años. Están en todas partes. Son básicamente para niños con padres muy ocupados, como los míos.

Carla y Raúl estaban riendo y hablaban más bajo de lo normal. Era imposible entender lo que decían, pero era obvio que se sentían muy cómodos juntos. Emma quería preguntarle a Sergio si había algo entre su hermana y su amigo, pero no sabía cómo. Era posible que él no supiera nada.

Sergio interrumpió sus pensamientos.

—Ah, me olvidé de decirle a mi hermana que he visto a Adriana, su amiga, y me ha dicho que iban a comer algo rápido y que se iban a casa a estudiar. No van a ir a la heladería esta noche. ¿Vas a venir a la fiesta fin de curso el viernes?

—Me gustaría ir. Imagino que depende de Carla, pero en principio me encantaría porque no hacemos fiestas así en Estados Unidos. Tenemos *prom*, la graduación y otras cosas relacionadas con deportes, pero creo que es muy diferente.

—Aquí la ceremonia de graduación es más simple que en Estados Unidos y no hay deportes en el instituto, sólo educación física. El resto es todo académico. En la universidad sí hay una ceremonia de graduación más formal, pero tampoco hay deportes. La fiesta fin de curso de mi instituto es muy guay y seguro que te gusta. ¿Qué es eso del *prom*? —preguntó Sergio—. No me suena.

Emma hubiera preferido estar con Carla y Raúl, pero Sergio estaba muy simpático, y ella no quería resultar maleducada dejándolo solo, así que desvió la mirada brevemente hacia Raúl y Carla una vez más, preguntándose de qué estarían hablando, y después le dio la espalda a la pareja, concentrando su atención en el hermano de su amiga.

—*Prom* es un baile y una cena muy formal y elegante, normalmente de parejas, y se hace en tu año de senior o junior, que es el equivalente a segundo de bachillerato, donde estás tú, o primero de bachillerato donde está Carla ahora. No sé cómo traducirlo. El *prom* sale mucho en las películas de adolescentes, pero no refleja la realidad porque en el cine todos parecen súper mayores. Es muy guay, pero cuesta mucho y no se hace en la escuela. Perdona, quise decir en el instituto.

Emma siempre había usado la palabra escuela para todo, y a veces se le olvidaba que en España le llaman escuela o colegio sólo a los centros educativos para niños de primaria.

Sergio nunca había hablado tanto tiempo con Emma desde que ella había llegado a Málaga la semana pasada. Ella lo había juzgado mal al principio, pero en realidad era muy amable y relajado. Su parte independiente y responsable le hacía parecer algo serio a veces. Su hermana Carla era una chica trabajadora, madura y muy lista, y siempre estaba feliz y riendo. Raúl era...

perfecto, pero estaba claro que para él Emma era casi invisible.

Esa noche, cuando llegaron a casa Emma llamó a Harper, pero su llamada fue directamente al buzón de voz.

Emma le dejó un mensaje.

Hey, it's me again. One of these days you could call back, you know? I haven't heard from you since like forever other than your short texts. I miss you and I'm worried about your living in two houses now. I hope you're feeling okay. This is so different from the US. It's unbelievable. They have finals this week, so the school is almost over. It's a bummer because I love Carla's Spanish class and also being a real TA at two different English classes. I was actually helping the students practice their conversations and it felt great. I wish I had been able to do this a little longer. Carla's parents are very cool and today they let us stay out till midnight. We went to a very trendy place by the water, a port promenade where people hang out, eat, shop, stroll and enjoy the amazing view of the castle on the hill above, and the reflection of all the lights in the water. There is a huge ferris wheel the other side of the harbor, and I can't leave Málaga without a ride.

Emma hizo una pausa. No sabía si hablar de Raúl o no. Pero Harper era su amiga y le prometió contarle todo, lo bueno y lo malo. Así que decidió contarle cómo se sentía.

. . .

Remember this guy I told you about? The neighbor who looks like Javier Cidoncha? I have the feeling there is something between him and Carla. She hasn't said anything, but she doesn't have to. Probably nobody knows, since they're neighbors and have known each other for years. Oh well, no big deal. I'll be leaving in no time anyway, and I think I'll bring a few extra pounds with me. People eat a lot here, and everything is too good to say no to. How can people look the way the look when they eat so much food? I know Spain is one of the healthiest countries in the world, but I cannot keep eating like this. Lunch is huge, and then they eat in the evening again because dinner is at 10 pm or later. I had no clue the sun would set around 9:45 pm. It's crazy considering this is south. Days feel endless here, so people can do more things and there isn't that feeling of rush we have at home most of the time. You'd absolutely love it. People are loud, just like Italians, and they look happy and relaxed. I noticed there are many dogs. I miss my furry little ball a lot. Is Jumper staying at your mom's or you take him with you when you go to your dad's? Pet him from me.

Emma miró el despertador de la mesita de noche.

Okay, I can't keep my eyes open and I don't want to start mumbling. Please call. Love You.

CAPÍTULO 6

Emma no sabía como había sucedido, pero la semana había pasado en un abrir y cerrar de ojos y ya era viernes. El viaje a Granada del jueves con los otros americanos del intercambio había sido muy divertido e interesante. Emma hizo más de cien fotos en el palacio árabe de La Alhambra, y aprendió mucha historia de España de la época de la invasión árabe. Era fascinante. Granada era más pequeña y muy diferente a Málaga, pero le había gustado mucho también. Durante el regreso por la tarde, había hablado con Harper casi una hora en el autobús, y ya se habían puesto al día las dos.

Sólo faltaban dos horas para la fiesta fin de curso, y cuatro días para regresar a California. Su español había mejorado mucho, y ahora entendía mejor el acento del sur, más relajado, donde a veces no terminaban las palabras, y en lugar de pronunciar la S del plural, abrían más las vocales, pero todos se entendían. El acento de Madrid del profesor de Español de Carla y el de una chica madrileña de intercambio del año anterior era más fácil de entender. Los madrileños parecían hablar más despacio que los andaluces.

En la puerta del dormitorio de Emma sonó un toc, toc, seguido de la voz de Carla.

—¿Puedo entrar?

—Claro, pasa —respondió Emma desde la cama, donde tenía varios vestidos extendidos—. No me he vestido aún —dijo cuando Carla asomó la cabeza con la puerta entreabierta—. No sé por cuál decidirme.

Carla llevaba un vestido corto rojo de tirantes anchos, entallado de cintura para arriba. Estaba muy bonita con el pelo parcialmente recogido y sus pendientes de plata con forma de corazón. Emma se preguntó si se los habría regalado Raúl.

—¿Puedo ayudarte a elegir? —se ofreció Carla, sentándose en la cama junto a Emma—. Aunque por lo que veo va a ser difícil. Me gusta todo lo que has seleccionado. Son unos vestidos muy originales.

Las dos se rieron juntas porque todo lo que había en la cama era ropa que Emma había comprado en Málaga, en las tiendas del centro, con la ayuda y consejos de Carla.

—Sí, por favor, ayúdame a elegir. No sé qué va mejor con estos zapatos —Emma había comprado unas sandalias de color mostaza y tacón cuadrado de unos cinco centímetros de alto que vienen a ser unas dos pulgadas. Eran de su almacén favorito, El Corte Inglés, y perfectas para ir elegante y aún poder bailar sin sufrir las consecuencias de los tacones altos finos. Aunque ya se había comprado unas sandalias el otro día, éstas las compró precisamente pensando en el baile.

—Creo que tengo el vestido perfecto para tus zapatos nuevos —dijo Carmen desde la puerta, sosteniendo una bolsa detrás de la espalda—. Quise venir antes, pero veo que llego a tiempo.

Carla se levantó de un salto y corrió hasta su madre. Emma sabía que Carla esperaba ese momento ya que no estaba sorprendida.

Carmen se acercó a Emma y le dio la bolsa.

—Si no te gusta, se puede descambiar, pero creo que te va quedar muy bien con esos zapatos, el rojo de tu pelo y tus ojos verdes.

Emma no sabía qué decir. La madre de Carla la trataba como si ella fuera su hija, y no dejaba de sorprenderla con detalles, gestos de cariño y muchas otras cosas que la hacían sentir como en casa.

—Gracias Carmen, no lo esperaba. No tenías que comprarme nada para la fiesta —dijo Emma emocionada, mientras abrazaba a Carmen como lo hacen los españoles, largo y apretado.

—No pude evitarlo. Cuando lo vi, sabía que sería perfecto para la fiesta y para tus zapatos nuevos. ¿Te gusta?

—Es perfecto. Voy a probármelo —Emma besó a Carmen en la mejilla y corrió al baño con el vestido. Le recordaba a su vestido favorito de cuando era pequeña, uno que le había hecho su madre cuando tenía ocho años.

Le quedaba muy bien, como anticipó Carmen. Era

un poco más corto que el de Carla, de un color verde bosque, elegante, ligero, cómodo y perfecto para bailar.

Una hora más tarde ya estaban todos listos. Manuel los iba a llevar en el coche hasta el centro y luego vendría a recoger a Carmen más tarde. Raúl y Sergio tenían que estar allí unos minutos antes para hacerse fotos con los compañeros de graduación, y las chicas habían quedado con sus amigas para elegir un buen sitio y poder hacer las mejores fotos y videos de la entrega de diplomas, las palabras de la directora y los reconocimientos especiales.

Cuando el timbre sonó la primera vez, nadie fue a abrir la puerta. Cuando sonó la segunda, Emma decidió ir a abrir porque, aunque no era su casa, podría ser importante.

—Un momento —dijo en voz alta, para que la oyera alguien de la casa y para que la persona que había llamado supiera que iban a abrir la puerta.

—¿Puedes abrir? —preguntó Carla desde la cocina —. Ya voy yo.

Cuando Emma abrió la puerta no esperaba encontrar los ojos más cautivadores que había visto en su vida.

—Raúl —dijo, con una voz tan baja que probablemente nadie excepto ella misma pudo escuchar.

Raúl la miró fijamente a los ojos durante unos segundos y Emma se olvidó de respirar. Luego los ojos del chico se deslizaron por su vestido y se detuvieron ante los zapatos color mostaza que casualmente hacían juego con los pantalones que llevaba él.

—Emma, estás muy guapa —dijo Raúl sin sonreír —. Ese color te queda muy bien.

Emma sintió que las piernas le temblaban, y sólo esperaba que Raúl no pudiera darse cuenta.

—Tú también —respondió Emma con una sonrisa tímida—. Vamos a juego.

—Raúl, pasa. No te quedes en la puerta —dijo Manuel detrás de Emma—. ¿Listo para el gran día? ¡Qué elegante!

Raúl llevaba una chaqueta azul marino informal y una camisa blanca. El chico sabía elegir bien su ropa, y también su colonia, porque olía mejor que los jazmines de los jardines de la catedral.

Unos segundos más tarde aparecieron Sergio y Carla, con lo cual ya estaban todos listos para salir; todos menos Carmen, que iría más tarde en el segundo viaje con Manuel.

Carla abrazó a Raúl y le dijo algo al oído, haciendo que Raúl sonriera. Las parejas siempre compartían ese lenguaje secreto que sólo ellos entendían. Carla y Raúl tenían mucha suerte. Los dos eran muy guays, y la familia de Carla conocía muy bien a Raúl. Era perfecto. La pareja de su hija era el mejor amigo de su hijo, y vecino de la familia.

En el coche, Sergio se sentó delante con su padre, dejando detrás a Raúl, Carla en el centro y Emma detrás de Sergio. Carla y Manuel fueron los más habladores, aunque no hubo mucho tiempo para hablar porque llegaron en menos de diez minutos.

Cuando Manuel los dejó para ir a buscar a Carmen, todavía tenían que andar otros diez minutos antes de llegar al instituto, pero Emma se sentía muy cómoda con sus zapatos y su vestido.

—Tengo muchas ganas de bailar —dijo Emma con entusiasmo—. No tengo muchas oportunidades en California. Allí se necesita un coche para todo, y yo no tengo uno todavía, así que dependo de mis padres todo el tiempo. También hay muchas restricciones por la edad y no podemos salir por la noche.

—Aquí hay algunas discotecas que abren por la tarde para los menores de dieciocho. El dinero de las entradas es para los viajes de estudios. Carla y yo hemos ido mucho este año. Mi amigo Samu trabajaba en la puerta y luego venía a bailar la última media hora.

—¿La última media hora? —preguntó Emma.

—Sí —respondió Carla.— Es que tenemos que dejar la discoteca a la diez de la noche porque luego empieza la sesión de mayores. En la sesión de tarde todo es igual pero no sirven alcohol, sólo refrescos. Hay una bebida gratis con la entrada.

—Es un buen sistema para conseguir dinero y que el viaje cueste menos a los que van. Todos contribuimos y nos beneficiamos porque se pasa muy bien. Durante el verano no tenemos esa oportunidad, sólo durante el curso.

Emma pensó que le hubiera encantado ir a bailar con ellos.

Cuando llegaron ya había muchos padres con niños más pequeños allí. El patio estaba decorado con pequeñas bombillas blancas, farolillos y guirnaldas de colores. Había gente buscando a otra gente, grupos de chicas haciéndose fotos junto al póster de la fiesta, profesores guiando y ayudando a las familias que llegaban, y música de fondo en español.

Sergio y Raúl se fueron en seguida a reunirse con Samu y su grupo. Los que se graduaban no se sentaban con los demás. Emma y Carla buscaron a sus amigas y se sentaron lo más cerca del escenario que pudieron. El programa tenía tres partes. La primera era entrega de diplomas, reconocimiento de los alumnos de segundo de Bachillerato, y una actuación en vivo. La segunda parte era para socializar, comer, hacer fotos y despedirse de los profesores. La tercera y última parte, ya sin padres, era para bailar y divertirse, con DJ y todo.

Los padres de Carla y Sergio se sentaron con unos amigos y se fueron después de las fotos con Sergio y su familia que Emma hizo con mucho gusto. La madre de Raúl estuvo sólo la primera parte y luego desapareció. Era una mujer de pelo castaño, baja, guapa y algo callada. Raúl debía parecerse más a su padre.

—¿No ha venido el padre de Raúl? —le preguntó Emma a Carla cuando estuvieron a solas un momento.

—Creo que no. Siempre está ocupado, y no le gustan mucho las actividades sociales. La familia de Raúl no es como la mía, pero Raúl es un encanto, ¿no te parece?

—No sé —Emma no sabía qué decir y se preguntaba si Carla se había dado cuenta de su estúpida atracción por el chico que salía con ella—. No he tenido muchas oportunidades de hablar con él.

Emma quería hacerle saber a su amiga que podía contarle que Raúl y ella estaban juntos como pareja, que no se lo diría a sus padres y que no tenía que temer que ella lo supiera. Emma siempre había sabido guardar secretos.

—Carla, creo que tú y Raúl haríais muy buena pareja. Los dos tan listos, guapos y… vecinos. Es perfecto para ti.

Carla la miró con una cara extraña que Emma no pudo descifrar. ¿Era sorpresa? ¿Confusión? Sus ojos se desviaron hacia algo que estaba detrás de ella.

Emma se dio la vuelta y justo allí estaba Raúl, con una expresión parecida a la de Carla. Estaba muy serio. Emma sintió como la cara le ardía de vergüenza y deseó que la tierra se abriera en ese momento y se la tragara.

—Ah, hola Raúl —logró decir Emma con la mayor naturalidad que pudo, apartándose a un lado—. Ya vengo, voy a beber agua *y desaparecer del mapa* —pensó.

Emma había metido la pata. Había descubierto el secreto de su amiga y él lo había escuchado. Le debía una explicación a Carla, y también una disculpa por su falta de discreción.

Cuando regresó diez minutos más tarde, Raúl no estaba y Carla había ido a bailar con su grupo de amigas. Tenía que hablar con ella antes de que viniera Manuel a recogerlos. No soportaba la idea de sentarse junto a ellos en el coche sin aclarar las cosas.

Emma se unió al grupo y vio a Raúl con Sergio y un grupo grande de chicos y chicas de su clase que bailaban junto al escenario donde estaba el DJ. Raúl seguía muy serio, seguramente preocupado de que Emma les dijera algo a los padres de Carla, o a Sergio. A veces los hermanos mayores son muy protectores con sus hermanas.

Ya era la hora de irse a donde los esperaba Manuel con el coche. Eran más de las diez de la noche, y ya se habían despedido de las amigas de Carla. Cuando llegaron a la puerta donde habían quedado con Sergio y Raúl, Carla se detuvo de repente.

—¿Puedo preguntarte algo? —Carla no se andó con rodeos.

—Claro. Siento lo de antes. No debí meterme donde no me llaman. Yo también quería hablar contigo.

Carla miró hacia los lados y se acercó a Emma.

—Yo pensaba que te gustaba Raúl —dijo en voz baja.

Emma lo sabía. Sabía que Carla se daría cuenta, y seguramente Raúl también se había dado cuenta. Lo típico, la chica americana pillada por el novio de su amiga.

No podía admitirlo.

—¿Raúl? ¡Qué tontería! No, no me gusta Raúl —mintió—. Es muy serio. Además, yo tengo novio en San Diego. Sería un poco estúpido enamorarse de alguien para irse diecisiete días más tarde. Pero…

No pudo terminar la frase porque Sergio apareció de repente. Estaba al otro lado de la puerta y no lo habían visto.

—¿Listas? Deberíamos irnos ya. Papá me ha mandado un texto y dice que nos está esperando con el coche.

Carla dio unos pasos y miró a ambos lados de la puerta.

—¿Y Raúl? ¿No estaba contigo?

Sergio se encogió de hombros.

—Estaba aquí hace un momento, pero yo estaba distraído respondiéndole a Papá. Espera —El teléfono de Sergio había dado un pitido—. Es Raúl, me dice que ha cambiado de opinión y se va a quedar un rato más. Imagino que luego se irá con alguien. Vamos sólo los tres entonces. ¿Lo habéis pasado bien?

Emma no oyó la respuesta de Carla ni el resto de la conversación. Se sentía fatal. Le había mentido a Carla dos veces y todo por no admitir que se había enamorado como una idiota de quien no debía.

Cuando llegaron a la casa, Carmen pausó la película que estaba viendo y recibió a los chicos con una sonrisa cálida. Carla invitó a Emma a ir a su cuarto, pero Emma le dijo que estaba muy cansada y su amiga lo entendió y no insistió.

Emma no quería hablar con nadie. Necesitaba estar sola para pensar. Ella no era una persona mentirosa, pero hoy se sentía muy avergonzada de su comportamiento, y quería disculparse con Carla y decirle la verdad. Ya sólo le quedaban unos días más antes de regresar a San Diego y poder olvidar al único chico que le había hecho tilín.

—¿Emma? ¿Puedo pasar? —dijo la voz de Carmen al otro lado de la puerta.

Emma ya se había cepillado los dientes y tenía su portátil abierto encima de la cama. Eran las once de la noche, y Emma se había acostumbrado a dormirse tarde, como los españoles.

—Sí, claro, pasa.

Carmen entró y cerró la puerta. Ella nunca cerraba la puerta cuando venía al dormitorio de Emma, sólo cuando salía. Era muy extraño.

—Emma, ¿estás bien? Es que cuando regresaste de la

fiesta te vi un poco triste. ¿No te has divertido? ¿Echas de menos a tu familia y amigos de San Diego? Me gustaría que tu experiencia en Málaga fuera muy especial y positiva. Quiero que nos veas como tu familia española.

Emma no interrumpió a Carmen, pero mientras la escuchaba quería llorar. La madre de Carla era muy buena con ella, y pensaba que Emma no estaba feliz. Carmen no sabía la razón por la que Emma estaba preocupada y triste, y no podía decirle nada porque Carmen no tenía ni idea sobre la relación entre Raúl y Carla.

—Carmen, estoy muy feliz aquí y con tu familia. Si estoy un poco triste es porque pronto tengo que volver a California. Gracias de nuevo por el vestido. Me he divertido mucho hoy, pero estoy cansada porque hemos estado bailando mucho tiempo. Me encanta Málaga y me gustaría regresar porque tu familia es fantástica. Tengo una familia española.

Carmen la abrazó y después la tomó de las manos.

—Nosotros tampoco queremos que te vayas. Pero recuerda que antes de irte vas a poder conocer la Noche de San Juan. Es una noche mágica donde todo es posible y los sueños se cumplen. A mis hijos les encanta, y siempre pueden quedarse hasta las tres de la madrugada.

La Noche de San Juan...

Cuando Carmen se fue de la habitación, Emma se metió en Internet para buscar información sobre esa noche tan especial, pero cinco minutos más tarde se quedó dormida.

CAPÍTULO 7

Emma no había visto a Raúl desde la fiesta de fin de curso. Sergio quedaba con él todo el tiempo, pero siempre en la casa de Raúl o fuera. Emma todavía no había encontrado el momento de hablar con Carla sobre él. Habían ido a la playa, al cine, a patinar, y a comprar regalos para su familia y para Harper. También salieron a cenar con Manuel y Carmen a un restaurante muy bonito en una playa de Torremolinos, una ciudad pequeña muy turística cerca de Málaga. Los dos últimos días fueron muy activos, y todo el mundo hablaba de la noche de San Juan, la noche mágica, la noche más corta y divertida del año.

Esa noche había llegado, y Emma tenía que escribir sus deseos en un papel y quemarlos en la hoguera.

Sergio salió después de almorzar y no había vuelto. Los padres de Carla habían quedado para cenar en casa de unos amigos y ver los fuegos artificiales y las hogueras desde la terraza, así que las chicas estaban solas y no tenían que estar en casa hasta las tres de la madrugada.

Carla se estaba duchando mientras Emma miraba el papel en blanco delante de ella en el escritorio.

—Quiero… —escribió. Pero no se le ocurría nada realmente bueno. En realidad lo único que quería era decirle a Carla que le había mentido y disculparse con ella y con Raúl.

¿Qué mosca le había picado en la fiesta fin de curso para actuar así?

Entonces se le ocurrió algo. En lugar de escribir un deseo, escribiría una nota de disculpa para Carla, y otra para Raúl. Sus padres le habían enseñado que cuando hacemos algo de lo que no nos sentimos orgullosos, es mejor aclarar las cosas y afrontar las consecuencias de decir la verdad que escuchar la voz de la conciencia haciéndonos sentir mal con nosotros mismos. "No puedes gustarle a otros si no te gustas a ti misma," le había dicho su madre en su primer día de noveno grado. Ella no quería ser una chica insegura ni cobarde.

Emma hizo una bola con su papel y la tiró a la basura antes de empezar a escribir su nota.

Carla,

No he sido sincera contigo y quiero pedirte perdón. Te mentí. No tengo novio, y lo que dije sobre Raúl no es verdad. Pienso que Raúl es el chico más increíble que he conocido. Es perfecto. Cuando supe que tú estabas con él me sentí muy mal porque me había enamorado de él, pero es absurdo, porque yo sólo estoy de visita y me voy en dos días.

No habría un futuro para nosotros. No tenía sentido hacerme ilusiones con él y busqué cosas negativas para olvidarlo rápido. Raúl tiene mucha suerte de que su novia sea la hermana de su mejor amigo y su vecina. Además él no podría estar con una chica mejor que tú. No debes esconder tu relación. Seguro que Sergio se alegra mucho, y tus padres también.

Tu amistad es muy importante para mí y no quiero regresar a California sin aclarar las cosas.

Emma

Emma leyó la nota una vez, la dobló y la guardó en el bolsillo derecho de su pantalón corto. Después cogió otra hoja de su cuaderno y empezó otra nota, esta vez para Raúl.

Raúl,

No quería ser antipática contigo ni juzgarte. Lo siento de verdad. No quiero que te sientas incómodo en casa de Sergio por mi culpa. Si no te veo antes de irme, te deseo mucha suerte en el futuro y que seas muy feliz con Carla. Es una chica estupenda. Disfruta la Noche de San Juan, y ojalá se cumplan todos tus deseos.

Espero que podamos ser amigos, al menos en las redes sociales.

Emma

Al igual que hizo con la nota para Carla, Emma dobló la

de Raúl y la puso en el bolsillo izquierdo de su pantalón, pensando en si tendría la oportunidad de ver a Raúl esa noche o no.

—Ya estoy lista —dijo Carla desde el pasillo—. ¿Quieres comer antes de irnos o prefieres picar algo fuera? No hay prisa y estamos muy cerca.

Era increíble como Emma se había adaptado a las costumbres de España. Cuando estaba en casa, en San Diego, siempre cenaba sobre las siete de la tarde, y tenía mucha hambre a esa hora. En esos momentos eran las nueve y media y todavía no tenía hambre.

—Lo que tú quieras. Yo estoy bien y puedo esperar, no tengo hambre —respondió Emma desde su habitación—. Tengo mucha curiosidad por conocer la Noche de San Juan.

Emma cogió un bolso pequeño que había comprado en Torremolinos y metió su teléfono y su monedero. Iba muy cómoda con unas chanclas y una camiseta celeste como el cielo de la tarde.

—Vamos —dijo Emma al salir de su habitación.

Carla estaba muy guapa con el pelo recogido en una cola alta, unos vaqueros cortos y una camiseta de tirantes roja.

—Mucha gente se baña en el mar después de los fuegos artificiales y de quemar sus deseos, pero mis padres no me dejan —Carla negó con la cabeza—. Piensan que es peligroso porque mucha gente bebe alcohol, es de noche y es más seguro si sólo metemos las piernas en el agua. Sergio seguro que se mete con sus amigos, pero yo no tengo permiso.

Los padres de Carla eran muy modernos, abiertos y

comprensivos, pero todavía eran un poco protectores con Carla, quizá porque era la hermana pequeña. Los padres de Emma también eran un poco protectores con ella, pero al contrario que Carla, ella no tenía un hermano mayor, sino dos hermanos menores un poco inmaduros. Ella era la hermana mayor.

Cuando salieron, Emma se sorprendió al ver la cantidad tan enorme de gente en la calle. Había miles de personas, en grupos grandes y pequeños, y todos se dirigían a la playa, algunos iban con sillas, neveras, toallas, y bolsos grandes donde probablemente llevaban comida. Las familias iban con sus hijos, incluso bebés en los carritos porque aún no andaban.

Era una locura, pero una locura divertida.

En la playa, había muchísima más gente que un sábado durante el día con sol y calor. La temperatura era perfecta, y no hacía viento. El sol ya estaba bajo, y el cielo tenía tonos cálidos, rojizos y celestes que se combinaban de manera perfecta. La luz era ideal para hacer fotos. Emma tomó un video corto de la gente, la playa, el cielo y el ambiente previo a la fiesta. Harper tenía que ver esto.

—Vamos a mi playa favorita —sugirió Carla, mientras también hacía fotos del gentío—. Van a estar mis amigas y los amigos de Sergio van a hacer una moraga.

—¿Moraga? ¿Qué es eso?

Carla se quedó pensando un momento. Luego miró hacia la playa y señaló a un grupo de gente que estaban empezando a hacer un fuego.

—No sé si hay una palabra en inglés para moraga, pero es una fiesta nocturna, en la playa, donde se asa pescado o carne en el fuego, y los amigos o familia están alrededor comiendo y bebiendo. A veces tocan la guitarra o traen música. Es muy divertido, y en la noche de San Juan hay muchas moragas.

—Me gusta la idea. ¿Hacen esto en toda España? —Emma nunca había oído esa palabra y no sabía si había algo similar en inglés.

—No sé, es posible, pero mi abuelo me dijo que su padre las hacía y que se hacen desde el siglo diecinueve. Empezaron los pescadores para celebrar el éxito en la pesca. Ahora es sólo una cosa social para divertirse y comer.

—En España la parte social siempre está relacionada con la comida y la fiesta. Me encanta. ¿No necesitan un permiso especial del ayuntamiento para hacer fuegos en la playa?

—Creo que no, pero la gente debe ser responsable y tener cuidado. Lo más importante es no dejar basura, sobre todo cristales después porque la playa es un lugar público. Mañana, desde muy temprano, habrá equipos de limpieza del ayuntamiento dejando la playa impecable y lista para los bañistas.

Emma se dio cuenta de que en las playas de Málaga no había tantos turistas como en las playas de Torremolinos y otras pequeñas ciudades de la costa vecina a Málaga. La gente era local, españoles, malagueños, mientras que en Torremolinos o Marbella había gente de otras partes de Europa y muchos americanos también. En Málaga había muchos africanos, y a veces escuchaba el idioma árabe, quizá por la proximidad de

Marruecos. A Emma siempre le habían fascinado otras culturas.

—¡Carla!

Las chicas se detuvieron a buscar a Sergio entre la multitud.

—¡Estamos aquí! —Sergio agitaba la mano en el aire, pero la mirada de Emma se encontró con la de Raúl, justo detrás del hermano de Carla.

El corazón de Emma empezó a acelerarse. El efecto que los ojos de ese chico tenían sobre ella era inexplicable, irracional y sin sentido. No lo conocía de nada, apenas habían hablado, y en cambio sentía como si hubiera una conexión especial entre ellos.

Era el momento. Tenía que darle la nota de disculpa y olvidarse de él para siempre.

CAPÍTULO 8

Emma siguió a Carla hasta los chicos, pero sus ojos seguían conectados con los de Raúl. Era imposible despegarlos.

Sergio y su hermana tenían muchos amigos comunes del instituto. Quizá esta noche estarían todos juntos en la misma playa, en la misma zona, y hasta en la misma hoguera. Tenía que darle la nota ya. Emma metió la mano en el bolsillo derecho de su pantalón corto y rozó la nota.

—¿Qué te parece?

Emma no tenía ni idea de lo que Carla le había preguntado. Era como si por unos segundos el mundo hubiera estado en silencio y lo único que podía escuchar era el latido de su propio corazón.

—Perdona —respondió Emma, buscando una excusa rápida para su falta de atención—. Hay mucho ruido y no he comprendido bien.

—Claro. A veces me olvido de que el español no es

tu primer idioma —Carla estaba relajada y parecía muy feliz—. Sergio nos ha preguntado si queremos quedarnos con ellos. Es un grupo grande y probablemente mis amigas estén encantadas porque nosotras no sabemos cómo hacer una hoguera. ¿Qué dices?

Emma tenía que responder, pero si iba a pasar cinco horas cerca de Raúl, tenía que darle la nota antes, para que la situación no fuera tan incómoda o tensa. También tenía que darle la nota a Carla y cerrar el tema de una vez.

—Me parece bien. Cuanta más gente mejor, pero...

Emma no pudo terminar porque Sergio le puso una caja rectangular en los brazos. Menos mal que no pesaba mucho.

—Emma, vas a tener tu primera Moraga. Mi amigo Samu es un experto, y tenemos todo lo que necesitamos. La madre de Carlos va a traer la carne para los pinchitos luego, y vas a poder hacerlo tú misma. El pescado para los espetos ya lo tenemos en una de las neveras con hielo.

Emma había decidido esperar a volver a San Diego para ser pescetariana. Había demasiadas tentaciones en España y no había mucha gente que no comiera carne. Claro, que teniendo en cuenta que España tenía el mejor jamón del mundo, no era una sorpresa que la gente no fuera vegetariana.

—¿Pinchitos? —Emma había escuchado antes esa palabra, pero no recordaba lo que eran.

Carla soltó su mochila con las toallas en la arena y abrió la caja que Emma sujetaba en la mano. Dentro había *skewers* de metal. Emma no sabía como se decía esa palabra en español.

—Estas barritas finas de metal son los pinchos para hacer pinchitos morunos —aclaró Carla inmediatamente—. Se llaman pinchitos morunos porque vienen de Marruecos originalmente, y porque usamos especias marroquíes con mucho sabor y un poco picantes para aliñarlos. Los cubitos de carne se ensartan aquí y se asan en el fuego, en la barbacoa o en una parrilla con carbón. ¡Están deliciosos!

—Ahora sí tengo hambre —respondió Emma con mucho entusiasmo.

Con el tema de los pinchitos, Emma se había distraído y Raúl ya no estaba. Emma siguió a Sergio y a Carla con la caja de los pinchos hasta que llegaron a un grupo grande de gente. Muchas de las caras le resultaban familiares, del instituto. Había al menos doce personas. Emma se preguntaba cuántos serían en total, porque algunos estaban llegando, y la parte más importante era a las doce de la medianoche.

—Vamos a ser unos veinte, o más, creo yo —dijo Sergio, leyéndole el pensamiento, mientras le quitaba la caja de las manos a Emma—. Hay pinchitos para todos porque la caja es de cincuenta.

—Se lo voy a decir a las chicas —Carla sacó su teléfono de a mochila y se sentó en una de las sillas plegables que había llevado Sergio. Tres de sus amigas habían quedado en reunirse con ellas en la playa.

Emma volvió a tocar la nota en su bolsillo. Seguía ahí. Era un buen momento para buscar a Raúl y dársela cuando todos los demás estaban ocupados abriendo sillas, preparando el fuego y poniendo todas las bebidas juntas en una nevera grande.

¿Dónde estaba Raúl?

Miró a su alrededor, pero no lo veía por ninguna parte. Entonces se giró y ahí estaba, hablando con Samu, pero con los ojos en ella.

El teléfono de Samu empezó a sonar. Era su oportunidad.

Samu respondió y empezó a llamar a Carlos a voces y a buscarlo entre el grupo porque su madre le estaba llamando y no respondía. Emma aprovechó ese momento para acercarse a Raúl.

—Hola —dijo, intentando ocultar los nervios—. Hay algo que quiero que leas —Emma sacó la nota de su bolsillo derecho y se la dio a Raúl, que la recibió con sorpresa.

—Los deseos se queman en la hoguera más tarde. Ahora vamos a comer y esperar a las doce para todo lo demás —Su voz era tranquila. No parecía enfadado, lo cual era un alivio.

—No es un deseo. No he escrito ningún deseo. Es una nota para ti.

—¿Para mí? —Raúl miró el papel doblado y empezó a abrirlo.

Emma iba a pedirle que no lo hiciera delante de ella, pero no fue necesario porque Sergio se acercó a ellos, y Raúl se metió la nota en el bolsillo.

—Emma, necesitamos más pan y Sandra tiene la llave de la panadería de sus padres. Vais a ir las tres a coger ocho o diez baguettes. Te esperan en la acera —Sergio señaló hacia donde estaba Carla con su vecina

Sandra, una chica dos años mayor que ellas que iba a la universidad.

—Vale —Emma miró a Raúl, y él asintió con una sonrisa. Tenía la mano aún en el bolsillo donde había puesto la nota de Emma.

Dos horas más tarde, y con el estómago lleno, el grupo de amigos había hecho un círculo alrededor del fuego. El olor a pescado asado y a pinchitos morunos aún flotaba en el aire, mezclándose con el del mar. Era una noche preciosa de luna casi llena que se reflejaba en el agua.

Emma había aprendido mucho sobre el origen de la Noche de San Juan, sus ritos y tradiciones ancestrales por las que se consideraba una noche mágica. En cada parte de España se celebraba de manera diferente. Por ejemplo en Valencia saltaban por encima de las hogueras siete veces para tener buena suerte. En Málaga no hacían eso, pero se bañaban en el mar, y tenían que mojarse la cara.

La música no había faltado. Algunos de los amigos de Sergio tocaron la guitarra que llevó Samu, y otros cantaban canciones en inglés y en español. También tenían altavoces inalámbricos para poner música desde los teléfonos. A Emma le había sorprendido mucho la cantidad de música en inglés que se escuchaba en España en la radio—las mismas canciones que ponían en Estados Unidos.

Era increíble como a esa hora había tantas familias en la playa, no sólo grupos de amigos adolescentes y adultos.

—Ya empiezan —gritó Carla.

—¿Qué empieza? —Emma miró su teléfono y ya eran las doce de la noche.

—Los fuegos artificiales. Mira. —Carla señaló hacia la zona del puerto y vio las primeras explosiones de luces de colores en el cielo, seguidas del sonido acompañante.

Los aplausos y entusiasmo de la gente se oían en toda la playa. Ese era el momento esperado donde la magia empezaba, y los deseos se quemaban en las hogueras antes de meterse en el agua.

Uno a uno, y por turnos, todos empezaron a arrojar sus deseos en la hoguera para después correr al agua.

Carla sacó su deseo, aunque todavía no era su turno.

—¿Tienes el tuyo? —le preguntó a Emma.

—No. Pero tengo una nota para ti.

Carla cogió la nota que le pasó Emma un poco confundida. La abrió y la leyó frunciendo el ceño.

—Creo que me has dado la nota equivocada. Ésta es para Raúl, no para mí —Carla siguió leyendo hasta el final, y cuando terminó miró a Emma con los ojos muy abiertos—. No entiendo nada. Raúl y yo no tenemos nada juntos. Sólo somos muy buenos amigos. A mí quien me gusta un poco es Samu, y Raúl lo sabe, pero mi hermano no. ¿Tú pensabas que nosotros…?

Emma estaba a punto de sufrir un ataque de pánico.

Si Carla tenía la nota de Raúl, eso quería decir que Raúl tenía la de Carla.

CAPÍTULO 9

De repente todo era caos y movimiento. La gente corriendo al agua, los fuegos artificiales, la música, los gritos de entusiasmo cuando quemaban los deseos, el chisporroteo del fuego, y el corazón de Emma, todo se fundió en una nube de humo que la rodeaba y la asfixiaba.

Emma tenía que averiguar si Raúl había leído la nota. Con suerte aún podría recuperarla, decirle que no era para él y evitar la vergüenza más grande de su vida.

Sin pensarlo dos veces buscó a Raúl en el círculo, pero no estaba. Seguramente ya estaba en el agua.

Emma dejó su bolso con la mochila de Carla y corrió hacia la orilla, evitando chocar con los que ya salían del agua, empapados, sonrientes, sin problemas, y en bañador. Al igual que Carla, ella tampoco se había puesto bañador debajo de la ropa, así que sólo podría meter las piernas y echarse agua en la cara si quería tener buena suerte todo el año.

De repente algo le golpeó en el estómago y la envolvió por la cintura, algo que le hizo perder el equilibrio y caer al suelo. Era un niño, un niño de unos cinco años que la miraba con los ojos muy abiertos.

—¡Tú no eres mi madre! —gritó llorando. Llevaba una camiseta roja, unos pantalones cortos vaqueros y no tenía zapatos.

—¡Espera! —Emma se levantó tan rápido como pudo. Quería ayudar al niño a encontrar a su familia, pero no le dio tiempo. El crío siguió corriendo, mirando a todas partes, desesperado entre el gentío. Se dirigía al agua, despavorido.

Emma se olvidó de Raúl. Siguió a la camiseta roja, intentando no pisar a la gente que estaba sentada en la arena. Había demasiada gente, cuando llegó a la orilla había perdido al niño de vista.

¿Y si se había metido en el agua a buscar a su madre? ¿Y si no sabía nadar? ¿Y si nadie se daba cuenta?

Una vez, cuando Emma era pequeña, un niño estuvo a punto de ahogarse delante de ella, pero gracias a otro niño que no dudó un momento en lo que hacer, no ocurrió una desgracia. Emma recordó el mal rato que pasó aquella vez.

Ni siquiera sabía su nombre para llamarlo. Miró a ver si había alguien gritando el nombre de un niño perdido, pero nadie a su alrededor parecía alterado, o angustiado. Era como si en toda la playa ella fuera la única que no estaba disfrutando de la magia de San Juan. Ella y el niño perdido. Quizá sus padres no sabían que su hijo había desaparecido si estaban con mucha gente y su hijo estaba jugando con otros niños.

Emma pensó en buscar a un policía, pero eso podría llevarle más tiempo. No tenía su teléfono. Lo había dejado en el bolso porque pensaba meter las piernas en el agua y no quería perderlo por accidente.

De repente vio la camiseta roja. Sus ojos se llenaron de espanto. La camiseta estaba en la orilla. El niño se la había quitado, probablemente para no mojarla. Eso sólo podía significar una cosa. El niño estaba en el agua.

Emma no lo dudó un momento y se metió en el agua, buscando al niño.

—¿Alguien ha visto un niño? ¡Se ha perdido un niño! ¡Ayuda por favor!

—¡Emma! —Raúl gritó mientras iba nadando hacia ella—. ¿Qué pasa? Te he oído gritar. ¿Estás bien?

Emma le explicó lo del niño atropelladamente. No le importaba estar mojada con ropa, haber arruinado su peinado, ni la nota que le había dado a Raúl por error. Ella sólo quería encontrar a ese niño y llevarlo con sus padres.

Raúl puso sus manos en los hombros de Emma.

—Vamos a encontrar a ese niño. Emma, te lo prometo. Escucha. Tú vas a ir hacia la derecha, y yo hacia la izquierda. No te metas más de la cintura, y advierte a la gente de la pérdida de un niño.

Emma escuchó con atención. No sabía si estaba temblando de frío, de miedo o por la proximidad de Raúl.

Hizo lo que le dijo Raúl, preguntándole a todo el mundo si habían visto a un niño pequeño solo, sin camiseta.

No tuvo suerte.

Cansada y desesperada, se salió del agua y empezó a buscar a los padres del niño. Seguro que lo habían echado de menos. La camiseta seguía en el mismo sitio. Tenía que encontrar a un policía. Los fuegos artificiales aún seguían llenando el cielo de mil colores diferentes. ¿Cuánto tiempo había pasado? Lo que a Emma le había parecido eterno quizá sólo habían sido unos minutos.

Las lágrimas le habían nublado la visión. Estaba cansada y tenía frío. Se sentó en la arena de la orilla, dobló las piernas rodeándolas con los brazos. ¿Dónde estaba la magia?

La respuesta a su pregunta apareció justo delante de ella.

Un niño venía de la mano de un adulto, acercándose hacia ella por la izquierda.

—¡Raúl! —Emma se levantó de un salto y corrió la corta distancia que los separaba—. ¡Lo has encontrado!

Emma abrazó a Raúl primero y luego al niño.

—Esta vez ha sido más fácil, y no he tenido que sacarlo del agua —Raúl le hizo un guiño a Emma que le atravesó el corazón.

¿Esta vez? Emma no comprendía de lo que estaba hablando Raúl.

—Hugo, vamos a buscar a tus padres. Emma, ¿vienes? Hugo tiene frío, y creo que tú también.

—¡Oh! Mira, tengo tu camiseta —Emma se la pasó y Hugo se la puso rápidamente.

—Gracias Emma —dijo el niño agradecido—. Si pierdo mi camiseta seguro que mi madre se enfada. Raúl me ha dicho que estabas preocupada por mí.

—Claro que estaba preocupada. Quería ayudarte

pero desapareciste y pensaba que podrías estar en el agua. Muchos niños no saben nadar.

—Nunca me meto en el agua sin mis padres. Es muy peligroso y es de noche, pero sí sé nadar. Aprendí cuando era pequeño —Hugo parecía un niño muy maduro y muy responsable para su edad.

—¿Cuántos años tienes? —Preguntó Emma.

—Tengo casi seis. ¿Y tú?

Emma se echó a reír porque no esperaba esa pregunta. Los tres empezaron a andar hacia el paseo marítimo de la mano. Hugo en medio.

—Yo tengo diez más que tú —le respondió Emma.

—Raúl me ha dicho que eres de otro país. ¿Por eso hablas raro?

Emma asintió aguantando la risa.

Raúl y Emma se miraron y Emma sintió como el color le subía a las mejillas. ¿Qué tenían los ojos de Raúl que la alteraban tanto?

—¿Raúl es tu novio? Mi hermana tiene un novio, pero a mis padres no les gusta porque tiene once años.

Habían llegado hasta la hoguera donde habían dejado sus teléfonos y sus cosas. Raúl soltó la mano de Hugo, dejándolo sólo de la mano de Emma. Iba a llamar a la policía inmediatamente, porque seguramente ya lo estarían buscando.

—Hugo, veo que te encanta hacer preguntas. Serías un buen detective. No me sorprende que tus padres no quieran que tu hermana de once años tenga novio —dijo Emma, mientras le ponía una toalla por los hombros al niño—. Es demasiado joven.

—Mi hermana no tiene once, tiene casi diez. Su

novio tiene once, pero no van de la mano todavía ni nada. Yo creo que tienen que esperar hasta que mi hermana tenga diez.

—¡Hugo! —Una mujer corría hacia ellos con los brazos abiertos.

—¡Mamá!

—¡Hugo, cariño, menudo susto nos has dado! La policía te está buscando. ¡Gracias! —dijo con lágrimas en los ojos, dirigiéndose a Emma y a Raúl, mientras abrazaba y besaba a su hijo en el pelo una y otra vez.

—Mami, no he perdido mi camiseta —dijo Hugo, devolviéndole la toalla a Emma. Parecía más preocupado por su camiseta que por lo que había pasado.

Raúl le explicó a la madre de Hugo que estaba a punto de llamar a la policía, que Emma lo había encontrado y todo lo que pasó después. La madre de Hugo sacó su móvil y avisó a su marido para que informara a la policía de que el niño había aparecido y que estaba bien.

Carla y los demás se unieron al grupo, sin saber lo que había pasado ni quién era ese niño y esa mujer llorando sin parar. La madre de Hugo abrazó a Emma y a Raúl, les dio las gracias de nuevo y se alejó con su hijo.

Emma y Raúl se quedaron allí, Raúl con el teléfono en la mano, y Emma con la toalla que la madre de Hugo no quiso llevarse.

—Tenemos que hablar —dijo Raúl con la mirada fija en Emma.

Ella sintió como las piernas le temblaban.

Era el momento de la verdad.

CAPÍTULO 10

Carla debió comprender que algo estaba pasando y que no era el momento de interrumpir, porque como por arte de magia todos se habían retirado, dejándolos solos junto al fuego.

Emma estaba temblando, y Raúl la envolvió con una toalla enorme que sacó de una de las bolsas de playa. El calor del fuego le había secado las piernas, pero la ropa aún seguía mojada debajo de la toalla.

Sin decir una palabra, los dos se sentaron y permanecieron en silencio unos segundos.

—¿Has leído la nota? —preguntó Emma, rompiendo el silencio y deseando que la respuesta fuera negativa. Eso le daría la oportunidad de explicarle que la nota era para Carla, y pedírsela.

Raúl no tuvo que responder. Bajó la mirada a su mano, donde tenía el papel doblado que había sacado de la misma bolsa de donde sacó la toalla gigante para ella. Sus labios estaban ligeramente curvados hacia arriba, y el lento gesto de asentimiento confirmó su peor pesadilla.

—He visto que era para Carla, pero lo que no entiendo es de dónde te has sacado que ella y yo estamos juntos —Raúl clavó sus ojos en los de Emma como si intentara encontrar la respuesta en ellos.

—En Muelle Uno, y no sé, la confianza que veo entre vosotros, y cuando habláis bajito apartados de Sergio. Y en la fiesta fin de curso... Para mí estaba claro que había algo. Pero pensé que quizá era secreto por Sergio o por los padres de Carla —Emma sabía que no estaba hablando de manera coherente, pero para ella era muy difícil estar cerca de Raúl y hablar con coherencia. Siempre había sido muy tímida cuando le gustaba alguien, desde pequeña.

—Hablábamos de ti, o de Samu. Me prometió que no te diría nada. Carla es como una hermana para mí. Nunca la vería como algo más.

—He sido una idiota, y lo he liado todo. Tengo que hablar con Carla y asegurarme de que no está enfadada conmigo. Cuando vi que ella tenía tu nota no le di muchas explicaciones y corrí a buscarte.

—Carla no está enfadada, nadie lo está. He hablado con ella —Raúl le apartó un mechón de pelo rizado que tenía delante de los ojos—. En realidad estoy contento, porque pensaba que yo te caía mal, después de lo que dijiste el día de la fiesta de fin de curso.

—¿Lo oíste todo? —Emma estaba mortificada.

Raúl asintió con la cabeza como quien no quiere admitir algo pero no tiene más remedio.

Emma se cubrió los ojos con la mano, como si con ello pudiera esconderse y evitar la vergüenza que sentía.

Raúl le apartó la mano suavemente.

—Emma, escucha. Me alegro de que no sea verdad. Me alegro de que no tengas un novio esperándote en California. No me importa el malentendido. Nada de eso me importa ahora.

Emma no sabía cómo interpretar lo que Raúl acababa de decir. ¿No le importaba porque pasaba de todo, incluida ella? O quizá no le importaba porque él era de ese tipo de personas que perdona y olvida de verdad.

—Mi comportamiento ha sido inaceptable, y no es propio de mí. Desde la fiesta de fin de curso no has venido a casa de Sergio y Carla. Casi no te he visto. Creía que no querías verme. Me avergüenzo de mí misma, pero es que…

Emma estuvo a punto de decirle que se había enamorado de él de una manera ilógica, que sus ojos la habían perturbado desde el primer momento en que lo vio, que cada vez que se encontraban su corazón se disparaba y le temblaban las piernas.

—Espera un momento —dijo Raúl en un tono tranquilo, mientras sacaba un cuaderno pequeño de su bolsa.

¿Iba a escribir algo? ¿Enseñarle algo que había escrito? Emma se sentía aliviada de que Raúl no le hubiera pedido que le explicara los motivos de su comportamiento.

Entonces Raúl sacó una hoja de papel blanco que estaba doblada en medio del cuaderno.

—¿Reconoces esto? —preguntó, pasándole el papel a Emma.

Emma lo abrió, no pudiendo creer lo que veía. Su mirada iba del papel a Raúl, y vuelta al papel.

—No puede ser —negó con la cabeza—. ¿Quién te ha dado esto? ¿De dónde lo has sacado?

Emma volvió a mirar el dibujo en el papel. Había dos ojos azules de pestañas largas, un título que decía *Raúl*, y una firma con el nombre de Emma.

—No comprendo —dijo, aunque en su interior Emma intentaba encontrarle sentido a lo que parecía imposible.

—¿Aún no me reconoces? —Raúl extendió la mano para coger el papel con el dibujo, y lo puso junto a su cara.—. Soy yo.

Emma se llevó ambas manos a la cara. De repente todo tuvo sentido.

—¿Tú? —pudo decir, cuando logró que la voz le saliera de la garganta.

Raúl asintió con una sonrisa que le era familiar.

—Yo me llevé la misma sorpresa cuando te vi por primera vez en casa de Sergio. Dudé un momento, pero para mí fue más fácil porque sabía que venías de San Diego, y recordaba tu nombre. Y cuando te escuché reír no tuve dudas de que eras tú. Pensé que me reconocerías, pero no fue así.

—Había algo en tus ojos. Algo familiar. Pero jamás hubiera imaginado que eras tú —Emma aún estaba conmocionada. ¿Cuáles eran las posibilidades de encontrarse en España con alguien que había conocido en San

Diego en un campamento de verano cuando tenía ocho años?

A su corta edad, Emma se había enamorado de Raúl, su primer amor, un niño de nueve años que había salvado a otro niño que casi se ahoga en la piscina por desobedecer las normas estrictas del monitor. Emma había visto caer al niño y se lo dijo a Raúl, quien no dudó en tirarse y salvar al pequeño de cinco años. Emma recordaba a Raúl como un niño muy valiente, maduro, inteligente y guapísimo. Cuando el último día del campamento de verano los monitores les dijeron que dibujaran algo sobre las dos semanas de campamento, algo que nunca olvidarían, Emma dibujó los ojos de Raúl. Cuando se fueron él no se despidió de ella y Emma sabía que nunca más lo volvería a ver.

—Lo que no entiendo es cómo ha llegado mi dibujo a tus manos. Los dibujos los tenían los profesores y los dejamos allí porque iban a ponerlos en la pared para recibir al siguiente grupo de niños que vendrían al campamento al día siguiente.

Raúl dobló el dibujo de nuevo y lo metió en su cuaderno.

—El último día, cuando iban a venir nuestras familias a recogernos, el director me llamó a su despacho. Yo no sabía por qué. Pero cuando fui, me dijo que no me había dado las gracias personalmente por salvarle la vida a un compañero, y quería darme un premio por ello, aunque en realidad fue un trabajo en equipo porque tú me avisaste de que el niño se había caído. Igual que esta noche con Hugo. Aquel día el director me dijo que le pidiera lo que quisiera, y yo le pedí tu dibujo.

—¿Mi dibujo? —Emma no podía creer que Raúl quisiera tener su dibujo.

—Sí. El director también se sorprendió. Yo no había visto tu dibujo porque los entregamos sin ver lo que los otros habían dibujado. Cuando finalmente el director buscó la carpeta de los dibujos y me dio el tuyo, descubrí que habías dibujado mis ojos, y me puse muy feliz porque eso quería decir que te gustaba.

—Pero no te despediste de mí.

—Corrí fuera a verte y darte la dirección de mi casa para que me mandaras una foto, pero me dijeron que ya te habías marchado con tus padres. Te habías ido y yo tenía que regresar a España al día siguiente. Sólo tenía tu dibujo. Esta vez no te puedes ir sin darme tu número de teléfono y tu contacto en las redes sociales. Quiero ir a San Diego de nuevo con Sergio… O sin él. No quiero que esto sea una despedida —Raúl trago saliva—. ¿Qué me respondes?

Emma lo miró a los ojos, esta vez sin miedo, sin temblar y sin vergüenza. Esos ojos, que habían sido como un *déjà vu*, esperaban su respuesta y la miraban con algo que ella no sabría describir.

Emma no tenía que pensar la respuesta. Claro que quería ver a Raúl de nuevo, y no le importaba decírselo. Entonces se le ocurrió algo.

—No me voy hasta mañana por la noche. ¿Has subido alguna vez a la noria? Dicen que la vista de Málaga es preciosa y no quisiera irme sin subir.

—¿Quieres que vayamos juntos? —Raúl se puso de pie y le tendió las manos, invitándole a levantarse.

Emma se levantó sin dejar de mirarle.

La toalla cayó a la arena. Ya no tenía frío y el calor de la hoguera le había secado la ropa.

—Me encantaría —sonrió Emma—, y creo que ésta es realmente una noche mágica.

Emma recordó que Carmen había dicho que la Noche de San Juan era una noche mágica donde todo era posible y los sueños se hacían realidad. Ella no había escrito un deseo, pero Raúl sí. ¿Sería éste su deseo?

Raúl la abrazó y le susurró al oído.

—La magia acaba de empezar —Raúl la tomó de la mano y fueron a buscar a sus amigos. Había mucho que compartir y aún más de lo que hablar.

En ese instante, Emma supo que el camino de Raúl y el suyo estaban destinados a cruzarse de nuevo. También sabía que nunca olvidaría la Noche de San Juan en Málaga.

Ahora tenía una buena historia para el periódico de su escuela, una historia que quizá podría convertirse en su primera novela corta, basada en un hecho real, y cuyo título sería *Una Noche Mágica*.

GLOSARIO

Glosario por capítulos en orden alfabético

Capítulo 1

A menos que = unless
A unos pasos de = a few steps from
Abrazo apretado = tight hug
Altavoces = speakers
Altísimo = very, very tall
Alucinante = mesmerizing, wonderful,
   fantastic
Anda = go and
Aparcamiento = parking lot (noun)
Ascensor = elevator
Asiento trasero = backseat
Aún = todavía = still
Autovías = highways
Barquitos = little boats

Calvo = bald-headed

Cansancio = fatigue

Castillo = castle

Dar la bienvenida = to welcome

De broma = kidding, joking

Deshacer el equipaje = to unpack

Dirigirse a = going toward

Edificio = building

El año anterior = the previous year, the
    year before

El piso = the condo or flat in a building

Familiar = a relative (noun); familiar
    (adj.)

Fiesta de fin de curso = end of the school
    year party

Fortaleza árabe = Arab fortress

Gritó = shouted, yelled

Guiñar = wink

Hermana gemela = twin sister

Instituto = high school in Spain (IES =
    Instituto de Enseñanza Secundaria)

La vista = the view

Maletero = trunk

Menos mal = thank goodness, luckily

No solemos = we don't usually

Ondulado = wavy (hair)

Parecerse a = to look like / to take after

Paseo marítimo = seafront promenade

Perderse = to miss out

Periódico = newspaper

Planta quince = 15th floor

Preciosos = gorgeous, very beautiful
Propia = own
Recogida de equipajes = baggage claim
Recordándole que = reminding her to
Reservado = private (adj.), a private
　　person
Ropa de abrigo = warm clothes
Rugido = growling, rumbling
Se me ocurre = I just thought of, I have
　　an idea
Sello = stamp
Tapear = to go out and eat tapas
Techos = ceilings
Tutear = to use the "tú" form instead of the
　　"usted" form that is formal
Ya = I know (in this context); already. Ya
　　no = not anymore

Capítulo 2

¡Ay! = ouch!
A oscuras = in the dark
A solas = by themselves, alone
Acogedor = cozy
Acompañar a alguien = to go with
　　someone
Amplia sonrisa = big, wide smile
Apenas = barely
Apoyo = support
Aturdida = confused, flurried
Batidos = smoothies

Bullía con vida = *was sizzling with life, oozing life*

Cada una = *each one*

Carta = *menu*

Casco = *helmet*

Claro = *of course, sure*

Con la boca abierta = *open mouthed*

Contaba con = *had*

Cuarto de baño = *bathroom*

Culpa = *fault*

Darse cuenta = *realize*

De camino a = *on their way to*

De madera = *wooden*

Debió bajarla = *must have closed it down*

Dejando = *allowing, letting*

Descarga eléctrica = *electric shock*

Durar = *to last*

Echar de menos = *to miss something or someone*

El timbre = *the bell*

Enamorados = *people who are in love*

Enamorarse = *to fall in love*

Esquina = *corner*

Estar a punto de = *to be about to*

Estrechas = *narrow*

Girar = *to turn*

Golpear = *hit*

La tiró al suelo = *knocked her down*

Le cayó encima = *fell on top of her*

Le soltó la mano = *let go of her hand*

Luz tenue = *dim light*

Manillar = handlebar

Mar = sea

Mármol = marble

Me he quedado dormida = I overslept

Me sonaba tu cara = your face was familiar

Mesita = coffee table

Mi acento me delata = My accent gives it away

Nietecitos = little grandchildren

No te ha sonado la alarma = your alarm didn't goes off

Olor = smell

Oyó (oír) = heard (to hear)

Parecido = similar

Pastitas = pastries

Pegatinas = stickers

Persiana metálica = metal blinds

Piedra = stone

Plantas = floors (in a building)

Plantas = floors in a building

Poner la alarma = set the alarm

Por lo cual = so that, that's why

Profundos = deep

Qué bien huele = it smells so good

Qué vergüenza = how embarrassing!

Quedarse atrás = to stay behind

Sitio = asiento = seat

Sonrisa de labios cerrados = close-lip smile

Soñar = dream

Su marido = her husband

Su mujer = his wife
Tardar = take (time)
Tetería = tea shop
Volver = regresar = to come back, to return
*Volver a ver a alguien = to see somebody
    again*
Ya verás = you'll see

Capítulo 3

Agradecimiento = thanking
Alejarse = to go away
Amor a primera vista = love at first sight
Aparte = besides
Asistir = attend
Blando = soft
Cálidos = warm
Carritos de la compra = shopping carts
Charcutería = deli
*De manera cariñosa = in an affectionate
    way*
Despedida = farewell
En el centro = on campus
Estrechar la mano = shake hands
Heredado = got from
*Jamón ibérico = ham from free-range pigs
    that roam oak forests in Spain and eat
    only acorns*
*instead of feed/fodder the other pigs
    normally eat.*
La caja = the cash register

Lavavajillas = dishwasher
Leona = lioness or female lion
Llevaban de casa = brought from home
Melena = mane
Merendar = to eat an afternoon snack
Poner la mesa = to set the table
Recreo = recess, break
Rincón = corner
Rizada = curly
Se quedó vacío = it was left empty, deserted
Tanto = so much
Tarjeta de identidad = ID
Todavía no = not yet
Un nudo = a knot

Capítulo 4

Alcazaba = Arab fortress
Arquitectónicos = related to architecture,
    architectural
Bloque = edificio
Calle peatonal = street with no cars or
    traffic, only for pedestrians
chocolate espeso = thick chocolate
Confesar = to confess
Crecer = grow up
Disfrutar = to enjoy
Estar por alguien = to be into someone
Evitar = avoid
Excursión = excursion, day trip, day out
La cola = the line

Ley = law
Merece la pena = it's worth it
Mojar = to dip
Morirse de hambre = to be starving
Muelle = pier
Ni siquiera = not even
Nos han invadido = we have been invaded
Ocio = leisure, entertainment
Olas = waves
Orilla = seashore
Para las cuatro = by 4 pm
Pasó volando = flew by, go by fast
Poder = power
Ponerse de pie = to stand up
Recién hechos = just made, fresh and hot
Recordar = to remember
Renacentista = Renaissance
Reponer = replenish
Rueda = wheel
*Se le hacía la boca agua = her mouth was
   watering*
Se lo pensaba = was thinking about it
Siglo I antes de Cristo = 1st century B.C.
Siglo VXI = 16th Century
Tumbado/a = lying down
Vecino = neighbor
Vergüenza = embarrassment
visita guiada = guided visit

Capítulo 5

Acercarse = to come closer

Ahí mismo = right there

Alturas = heights

Así que = so that

Como = since, because

Como si = as if

Contemplar = behold, gaze at

Dar la espalda = to turn one's back to someone or something

Darse la vuelta = to turn around

Despertador = alarm clock

En bandolera = slung across the body

En total = in all

Lista = clever, smart

Maleducada = rude, impolite

Mesita de noche = bedside table

No me suena = Never heard of it, it's not familiar

Noria = ferris wheel

Picar = to snack, to eat something light

Quedar = to agree to meet

Quise decir = I meant to say

Zapaterías = shoe stores

Capítulo 6

Acostumbrarse = to get used to

Almacén = department store

Andarse con rodeos = to beat around the bush

Aparecer = to show up

Aún = still, yet

Aunque = even though

Avergonzada = ashamed

Bombillas = light bulbs

Cautivadores = mesmerizing

Darse cuenta = to realize

Echar de menos = to miss

Encogerse de hombros = to shrug

Entrega de diplomas = the act of handing out diplomas

Es un encanto = is charming

Escenario = stage

Estar pillado por alguien = to have a huge crush on someone

Farolillos = paper lamps

Gestos de cariño = signs of affection

Guardar secretos = to keep secrets

Guirnaldas = paper garlands

Hacer juego = to match

Hacer tilín = to like someone very much

Ir a juego = to match

Las piernas le temblaban = had wobbly legs

Madrugada = any time between midnight and sunrise.

Mejilla = cheek

Meter la pata = to put your foot in your mouth

Música de fondo = background music

No meterse donde no te llaman = to mind your own business

*para que la oyera = so someone could
    hear her*
Portátil = laptop
Qué tontería = what nonsense
Quise = I wanted to
Se deslizaron = slid down
Se detuvieron = stopped
Se entendían = they understood one other
Se metió en Internet = went online
Se preguntó = she wondered
Seguir = continuar = continue
Sentirse fatal = to feel awful
Sonrojarse = to blush
Tierra = ground
Tragar = swallow
*Un abrir y cerrar de ojos = in the blink of
    an eye*
Volver = regresar = come back, return to
Ya que = since

Capítulo 7

Andar = caminar = walk
Apenas = barely
Ayuntamiento = city hall
*Bañistas = swimmers and people on
    the beach*
Carrito = stroller
Cobarde = coward
Cristales = glass
Disculpa = apology

Enamorarse de = to fall in love with

Fuegos artificiales = fireworks

Gentío = crowd

*Hacerme ilusiones con = to believe that I
    had a chance with*

Hogueras = bonfires

Juzgar = to judge

Lo que quieras = whatever you like/want

Lo siento = I'm sorry

Mentir = to lie

Meterse en el agua = to get in the water

Mirada = gaze

Multitud = big crowd

*Negar con la cabeza = to shake one's head
    to say no*

Nosotros mismos = ourselves

Noveno grado = ninth grade

Orgullosos = proud

Pescadores = fishermen

*Picar algo = to snack, to eat something
    quick, usually in between meals*

Quedar con = to get together, to meet with

*¿Qué mosca le había picado? = what was
    wrong with her?*

Supe = I found out

*Tener curiosidad por = to be curious about
    something*

Capítulo 8

A voces = out loud

Aliñar = to marinate, to season
Alivio = relief
Asintió = nodded
Aún = todavía = still
Carbón = charcoal
Cuanta más gente = the more people
Despegarlos = to take them off
Doblado = folded
Ensartar = to string or hold together with
 the skewer
Especias = spices
Espeto = a small fish, usually a sardine,
 run through a wooden stick whose
 point is buried in
burning charcoal till the fish is fully cooked
 and has the smoked flavor
Fruncir el ceño = frown
Hasta = even
Inalámbricos = wireless
Latido del corazón = heartbeat
Marroquíes = Moroccan
Metió = put into
Morunos = Moorish, related to Morocco
Neveras = coolers
Parrilla = grill
Pinchitos = similar to kebab, pork or
 chicken skewers
Plegable = folding
Ponían = played (music)
Propio = own
Rozar = to rub

Sujetar = to hold
Vale = okay, alright

Capítulo 9

Advertir = to warn
Asentir = to nod
Asfixiar = to suffocate, asphyxiate
Atravesar = to go through
Atropelladamente = hastily
Casi = almost
Chisporroteo = sizzling
Chocar = to crash
Cintura = waist
Crío = little boy, little kid
Darse cuenta = to notice, realize
Despavorido = terrified
*Echar de menos = to miss someone or
    notice someone is missing*
Echarse a reír = to start laughing
Empapados = soaking wet
Espanto = horror
Fija = fixed
Gracias a = thank to
Gritó = yelled
*Gritos de entusiasmo = screams of
    excitement*
Guiño = wink
Lágrimas = tears
Mal rato = hard time, upsetting moment
Marido = husband

Mejillas = cheeks

Mojada = wet

Ni siquiera sabía = didn't even know

Paseo marítimo = seafront promenade

Peinado = hairdo

Perdido = lost

Quemar los deseos = to burn the papers
  with the wishes

Se fundió = blended into

Seguramente = most likely

Significar = to mean

Una desgracia = a tragedy

Vergüenza = embarrassment

Ya = already

¿Y si…? = what if

Capítulo 10

Acaba de empezar = has just started

Aliviado/a = relieved

Asentimiento = nodding

Avergonzarse = to feel ashamed

Avisar = to warn someone, to let someone
  know

Clavar los ojos = to fix one's eyes

Confianza = familiarity

Cuyo = whose

De verdad = for real, truly, really

Despacho = office

Despedirse = to say goodbye

Director = principal

Dudar = to doubt

Enamorarse = to fall in love

Estar a punto de = to be about to

Estar conmocionado/a = to be in shock

Hablar bajito = to speak in a very low voice

La envolvió = he wrapped her

Lento = slow

Liarlo todo = to mess things up

Malentendido = misunderstanding

Marcharse = irse = leave

Mirada = gaze

Mortificada = mortified

No es propio de mí = It's not my usual behavior

No le importaba = she didn't mind

No tener más remedio = to have no choice

Noria = ferris wheel

Oído = ear

Pasar de = Not to care about

Pesadilla = nightmare

Ponerse de pie = to stand up

Por arte de magia = magically

Recogernos = pick us up

Se habían retirado = they had moved apart/away

Se le ocurrió = she thought of

Seguía = continuaba

Soltar = to let go

Su corazón se disparaba = her heart was racing

Subir = *to ride*
Te gustaba = *you liked me*
Tragar saliva = *to swallow*
Yo te caía mal = *you didn't like me (Caerle*
  mal a alguien = *no gustarle a alguien)*

COMPRENSIÓN

Comprensión por Capítulos

Capítulo 1:

1. ¿Cuánto tiempo va a pasar Emma en Málaga?
2. ¿Qué diferencia hay entre el hermano de Carla y los hermanos de Emma? (Explica)
3. ¿Cuándo estuvo Carla en San Diego?
4. ¿Qué es lo que no sabe Carla ni su familia sobre Emma?
5. ¿Por qué Emma y Harper eran como hermanas gemelas?
6. ¿Qué le preocupaba a Emma sobre su primer día en el instituto de Carla?

Capítulo 2:

1. ¿Por qué Emma se despertó un poco tarde al día siguiente?

2. ¿A qué edad pueden conducir un coche los españoles?

3. ¿Por qué Carla y Sergio no tienen una moto?

4. ¿Qué medios de transporte usa Carla normalmente en Málaga?

5. ¿Por qué piensas que Carla dice "Esto no es Estados Unidos"?

6. ¿Por qué era tan fascinante el instituto de Carla?

7. ¿El actor español Javier Cidoncha tenía un hermano gemelo en el instituto de Carla? (Explica)

8. ¿Cuál es la diferencia entre Harper y Emma con los chicos?

9. ¿Qué aprendió Emma del instituto de Sergio y Carla cuando habló con Sergio?

10. ¿Cuándo empiezan y terminan las clases en el instituto Vicente Espinel?

11. ¿Qué profesión pensó Emma que sería interesante para el futuro?

12. ¿Qué hicieron las chicas con la madre de Carla por la tarde?

13. ¿Por qué crees que el contacto de su cara con la de Raúl le produjo una descarga eléctrica?

Capítulo 3:

1. ¿Por qué Emma empieza a preocuparse más de su pelo y de su aspecto físico?

2. ¿En qué se diferencia tu horario escolar del horario de Carla?

3. ¿En qué se diferencia tu escuela de la escuela de Carla y Sergio en Málaga?

4. ¿Qué piensas sobre las horas de las comidas en España?

5. ¿Por qué Emma decide escribirles a sus padres y cuál es el tema principal de su email?

6. ¿Qué piensas del horario de trabajo de Carmen?

Capítulo 4:

1. ¿Qué edificios y monumentos visitaron Carla y Emma en el centro de Málaga?

2. ¿Dónde almorzaron?

3. ¿Qué hicieron por la tarde las chicas?

4. ¿Quién salió a merendar, dónde y qué comieron?

5. ¿Qué buena noticia le dio Carmen a Emma al final?

6. ¿Qué planes tenían los padres de Carla y Sergio para esa noche?

Capítulo 5:

1. *¿Qué diferencia hay entre la fecha de las vacaciones de Carla y de Emma?*
2. *¿De qué hablan Sergio y Emma?*
3. *¿Por qué Emma no puede concentrarse bien en la conversación con Sergio?*
4. *¿Quién es mejor en inglés, Sergio o Raúl? ¿Por qué?*

Capítulo 6:

1. *¿Qué problema tiene Emma con la ropa?*
2. *¿Qué sorpresa le da Carmen a Emma? y ¿Cómo es?*
3. *¿Qué ropa lleva Raúl? ¿Qué hace juego con Emma?*
4. *¿Por qué crees que Raúl no quiere regresar en el coche con ellos?*
5. *¿Por qué Emma se siente tan mal al final?*

Capítulo 7:

1. *¿Por qué Emma no escribe los deseos?*
2. *¿Por qué separa Emma las notas en bolsillos diferentes?*
3. *¿Por qué Carla y Emma no llevan bañador a la playa?*
4. *¿Por qué tomó Emma un video de la gente en la playa?*
5. *¿Qué es una moraga?*

6. *¿Por qué se aceleró el corazón de Emma?*

Capítulo 8:

1. *¿Por qué Emma no puede darle la nota a Raúl?*
2. *¿Tenemos algo parecido a los pinchitos en Estados Unidos? ¿Qué son los pinchitos?*
3. *¿Quién recibe la nota primero, Raúl o Carla? ¿La lee inmediatamente?*
4. *¿Qué hace la gente normalmente en la playa durante la Noche de San Juan? (Di al menos 4 cosas)*
5. *¿Qué descubre Emma sobre Carla al final del capítulo?*
6. *¿Por qué estaba Emma a punto de sufrir un ataque de pánico?*

Capítulo 9:

1. *¿Cómo conoce Emma a Hugo?*
2. *¿El niño se mete en el agua?*
3. *¿Por qué está Emma tan preocupada por el niño?*
4. *¿Por qué no llama Emma a la policía?*
5. *¿Quién encuentra a Hugo?*
6. *¿Cómo es Hugo? (rasgos de personalidad) ¿Cómo lo sabes?*
7. *¿Por qué le tiemblan las piernas a Emma al final?*

Capítulo 10:

1. *¿Cuál era la peor pesadilla de Emma?*
2. *¿Por qué piensas que Emma dice que ha sido una idiota?*
3. *¿Por qué estaba Emma mortificada?*
4. *¿Qué conexión hay entre el dibujo que tiene Raúl y Emma?*
5. *¿Qué sorpresa tiene este capítulo?*
6. *¿Fue una sorpresa para ti?*
7. *¿Cambiarías algo del final? ¿Qué?*
8. *¿Cómo te gustaría que continuara la historia?*

BIOGRAFÍA DE LA AUTORA

Silvi Martín es profesora de español en un instituto de enseñanza secundaria de San Diego, California. Su pasión es enseñar su idioma a todo el que quiera aprenderlo y crear material didáctico para sus alumnos. Desde pequeña, a Silvi le ha gustado mucho leer y ver películas. Su fascinación por la gente y por el sur de California le ha llevado a escribir sus propias novelas en inglés, creando la serie de Coronado Island que tiene lugar en la ciudad de Coronado, junto a San Diego. *Una Noche Mágica* es su primera novela corta en español, inspirada en las experiencias de los jóvenes que viajan a otros países en programas de intercambio. La historia tiene lugar en Málaga, la ciudad del sur de España que vio crecer a Silvi y en cuya universidad la autora estudió la carrera de Filología Inglesa.

Página Web: https://www.silvimartin.com/

AGRADECIMIENTOS

Quiero expresar mi más sincero agradecimiento a todas las personas que de alguna manera han aportado sugerencias, comentarios y correcciones al manuscrito original, haciéndolo así más claro, más real y más bonito.

Entre esas personas se encuentra mi padre, Francisco López Molina, el mejor profesor de matemáticas que he conocido, una persona que también eligió la profesión de educador, de maestro, y experto en la rama de las ciencias, pero que lleva dentro el alma de un poeta. Mi padre nunca ha dejado de guiarme, enseñarme y aconsejarme. Gracias Papá, por ser la primera persona en darme un feedback excelente y detallado, cuando el manuscrito aún no estaba pulido, y por dedicarle el tiempo y la atención que me has regalado.

Gracias Nathalie, una amiga a la que podría llamar hermana, no sólo por el tiempo que hace que nos conocemos, sino por el cariño, las experiencias vividas y todas las cosas que nos han unido a lo largo de los años. Gracias por informarme de los cambios en la legislación y otros aspectos de Málaga que están cambiando constantemente. Gracias por tus observaciones y por las sonrisas que tus comentarios me han provocado. Tu contribución a esta historia es de alto valor para mí.

Óscar, mi querido hermano, nunca dejas de sorprenderme. Tu conocimiento sobre casi todo lo que existe y tu facilidad para aprender está fuera de lo normal. Siempre he admirado tu cerebro y tu lógica; gracias a ello, las notas y todo lo que has aportado a este libro es sumamente importante y esencial para la autenticidad del contexto de la historia.

Mi marido, Rich Amooi, escritor de comedia romántica, ha leído la historia desde la perspectiva de un anglófono. Su atención al detalle ha sido enormemente valiosa y me ha hecho ver algunos matices que podían resultar ambiguos y aspectos del manuscrito que necesitaban clarificación. Muchas gracias, cielo, por eso y por la parte del formato en la que también eres un experto.

Duna, la mejor sobrina del mundo, ha entregado su corazón a esta historia, viéndola desde el punto de vista de una adolescente, y facilitándome el lenguaje que usan los jóvenes de hoy. Como conocedora de ambas culturas, ha sabido ponerse en el lugar de las dos chicas protagonistas. Duna, ha sido un verdadero placer leer tus comentarios y sugerencias. Tus recomendaciones son vitales para la historia. Serías una editora excelente.

Quiero darle las gracias a mi madre, Loli Martín, por darse cuenta de un detalle crucial que no me hubiera perdonado a mí misma. Es común en el mundo literario cambiar el nombre de un personaje por accidente, y es importantísimo detectarlo antes de que el manuscrito salga a la luz. Mamá, sé las ganas que tenías de poder leer una de mis historias. Finalmente he escrito algo en tu idioma nativo que puedes entender sin traductor. Gracias por tu entusiasmo y por ser tú la que detectara ese error.

Isabel, querida amiga, gracias por hacer un hueco en tu apretado horario para leer mi historia y por tus anotaciones. Siempre has sido una seguidora incondicional de mis novelas y me has animado a seguir escribiendo. Ojalá pudiera dedicarle más tiempo a la escritura, pero al igual que tú soy educadora, y el trabajo siempre es lo primero.

Quiero agradecer la preciosa portada de este libro a Becky Monson, escritora de siete comedias románticas y artista, a la que admiro por su talento y creatividad. Gracias Becky por aceptar hacer mi portada con tan poca antelación.

La última persona, pero no por ello la menos importante, con la que me siento muy agradecida es mi amigo y ex compañero de trabajo Txemi Ríos Tapioles. Txemi y yo hemos colaborado muchas veces en el terreno profesional, en el académico y en el literario. Su visión de editor y su alto conocimiento del idioma castellano han contribuido notablemente a esta historia. Gracias Txemi por estar siempre ahí y por la amistad tan bonita que nos une.

Una vez más, gracias Papá, Mamá, Nathalie, Óscar,

Richie, Duna, Isabel y Txemi, no sólo por vuestro apoyo, consejos, y observaciones, sino también por algo sumamente valioso en los tiempos que vivimos: el tiempo que me habéis regalado.

Os quiero.

Silvi

Made in the USA
Las Vegas, NV
11 May 2021